Nebenfolgen in der Geschichte

Historische Zeitschrift // Beihefte (Neue Folge)

BEIHEFT 65

HERAUSGEGEBEN VON

ANDREAS FAHRMEIR UND LOTHAR GALL

DOI 10.1515/9783110405019.fm

Benjamin Steiner

Nebenfolgen in der Geschichte

Eine historische Soziologie reflexiver Modernisierung

Mit einem Begleitwort von Ulrich Beck

DE GRUYTER
OLDENBOURG

Bibliografische Information der Deutschen Nationalbibliothek
Die Deutsche Nationalbibliothek verzeichnet diese Publikation
in der Deutschen Nationalbibliografie; detaillierte bibliografische Daten
sind im Internet über ‹http://dnb.d-nb.de› abrufbar.

Library of Congress Cataloging-in-Publication Data
A CIP catalog record for this book has been applied for at the Library of Congress.

Dieses Papier ist alterungsbeständig nach DIN / ISO 9706.

Umschlagbild: William Adolphe Bouguereau, The Remorse of Orestes (1862). Öl auf Leinwand.
Chrysler Museum of Art, 71.623.
Gestaltung: Katja v. Ruville, Frankfurt a. M.
Satz: Roland Schmid, mediaventa, München
Druck und Bindung: Grafik und Druck, München

ISBN 978-3-11-040474-6
E-ISBN 978-3-11-040501-9

Inhalt

Vorwort

Es hatte damals eine neue Zeit begonnen
(denn das tut sie in jedem Augenblick)[1]

Wann ist der Historiker berechtigt, von einem „Neubeginn der Zeit", der nach Robert Musil offenbar immer stattfindet, zu sprechen? Wie fasst man den Eindruck von Wandel, Transformation oder Wenden in der Geschichte in solche Begriffe, die als methodisch gesichert gelten können, die sich über den bloß subjektiven Eindruck erheben und mehr als nur die dramatischen Höhepunkte einer großen Erzählung sind? Ist es überhaupt möglich, jenseits rhetorischer Techniken und Stilmittel, deren mehr oder weniger bewusste Verwendung die Geschichtswissenschaft den letzten vierzig Jahren immer mehr geprägt haben, nach allgemeingültigen Kriterien für historischen Wandel Ausschau zu halten?

Die Debatte über neue Theorieansätze in den Geschichtswissenschaften scheint schon seit Jahren ins Stocken geraten zu sein. Es drängt sich der Eindruck auf, dass seit dem Ende der Dominanz der Sozial- und Gesellschaftsgeschichte die alte Wehler'sche Forderung nach „mehr Theorie" in den historischen Disziplinen kaum noch Beachtung findet.[2] Historiker erschließen heute mit großer Lust neue Betätigungsfelder für Recherche und die ein oder andere neue Erzählung über vergessene Geschichten. Ein theoretisch gesichertes, geschweige denn einigermaßen kohärentes Sinngefüge, das die unterschiedlichen Spezialgeschichten zusammenzuhalten vermag, das der akademischen Disziplin eine Richtung bzw. außerhalb des Feldes gültige Legitimität zukommen lässt, scheint nicht nur zu fehlen, sondern auch kaum noch gewünscht oder vermisst zu werden.

Stattdessen werden mehr oder weniger pragmatische Wege angeboten, dem Pluralismus der Tätigkeitsfelder von Historikern, wenigstens nach außen hin, den Anschein zu geben, dass es sich um eine theoretisch veranlasste Neuausrichtung

1 *Robert Musil*, Der Mann ohne Eigenschaften. Reinbek 1987, I, 20.

2 *Hans-Ulrich Wehler*, Geschichte als Historische Sozialwissenschaft. 3. Aufl. Frankfurt am Main 1980, 29.

DOI 10.1515/9783110405019.7

handelt, indem man etwa von „Praktiken" spricht, wenn man den „praxeologisch" verstandenen Gegenstand der Geschichtswissenschaften knapp bezeichnen will.[3] Daher hat sich die mittlerweile polemisch verwendete Rede von den *turns* in den historischen Geisteswissenschaften so sehr vervielfacht, dass der Deutungsanspruch heute unter den Anhängern der jeweiligen Neuausrichtung mehrmals geteilt werden muss. Eine explizit zu Tage tretende Konkurrenz zwischen den unterschiedlichen Richtungen ist indes kaum auszumachen. Es hat vielmehr fast den Anschein, dass sich keiner wirklich um eine theoretisch umfassende Auseinandersetzung mit den Grundfragen der Historiographie sorgt.

Wenn diese Wahrnehmung nicht vollkommen verfehlt ist, dann könnte eine Erklärung aus der gegenwärtigen Zeitdiagnostik gewonnen werden. Insofern wäre die Skepsis gegenüber universalistisch auftretenden Deutungsangeboten aus der Geschichtstheorie mit der generellen Akzeptanz des pluralistischen Nebeneinanders zu erklären. Das Gebot der Stunde war es demnach, höchstens „Theorien mittlerer Reichweite" (Robert K. Merton) zu entwickeln oder eine „situative Theoriebildung" (Stefan Haas) zu verfolgen.[4] Kritisch gesehen hat aber eine solche Ausrichtung auf kleine Theorien nur dazu geführt, dass selbst die Beschäftigung mit Geschichtstheorie auf ein subdisziplinäres Feld, das in Folge eines *theory turn* in Erscheinung getreten ist, beschränkt wurde. So wirkt Theorie zu einem Addendum in Einleitungen von Publikationen und Forschungsanträgen degradiert, ohne dabei einen integralen Bestandteil des historischen Arbeitens darzustellen.

Das alles ist äußerst unbefriedigend. Die verbreitete Zurückhaltung, der Theorie der Geschichte einen festen Platz in der Lehre und Forschung einzuräumen, Historiker mit methodischen Begriffen, die nicht nur historistisch generiert sind, sondern einem intellektuellen Reflexionsprozess entstammen, auszustatten, lässt die Zunft insbesondere im Vergleich zu Nachbardisziplinen isoliert dastehen. Historiker sollten sich indes bewusst sein, dass der Ruf nach mehr Theorie nicht nur dem Geist *einer* Epoche entstammt, sondern darüber hinaus auch heute nicht ungehört verhallen sollte. Theorie versichert den Historiker auch jenseits seiner Quellen in der Aus-

3 Vgl. z.B. das Programm der 10. Arbeitstagung der Arbeitsgemeinschaft Frühe Neuzeit im Verband der Historiker und Historikerinnen Deutschlands unter dem Titel „Praktiken der Frühen Neuzeit", 12.–14. September 2013 unter der Leitung von Arndt Brendecke.

4 Vgl. *Stefan Haas*, Theoriemodelle der Zeitgeschichte, Version: 2.0, in: Docupedia-Zeitgeschichte, 22.10.2012, URL: http://docupedia/zg/; *Robert K. Merton*, Social Theory and Social Structure. New York 1968.

einandersetzung mit anderen Disziplinen und wappnet ihn zudem für die außerakademische Debatte einer historisch bewussten, interessierten und neugierigen Öffentlichkeit.

Daher nutzt das vorliegende Beiheft der *Historischen Zeitschrift* die Gelegenheit, die durch diesen traditionellen Publikationsort gegeben ist, die eine große Frage der Geschichtstheorie zu stellen: Wie kann der Historiker historischen Wandel erklären? Diese Frage soll hier anhand eines Theorieangebots aus der Soziologie heraus beantwortet werden. Im Geiste dieser besonderen interdisziplinären Beziehung, die gerade in Deutschland über eine bedeutende Tradition verfügt, soll dem diagnostizierten Theoriedefizit zumindest so begegnet werden, dass sich um derartige Fragen eine breitere Debatte ergibt. Denn beim hier vorgelegten Text handelt es sich nur um einen Versuch, der vermutlich zu Ablehung der angebotenen theoretischen Lösung Anlass geben wird. Doch sollte umgekehrt auch die Dringlichkeit eines Problembewusstseins für das Phänomen historischen Wandels und seiner Konstituenzien durchaus verstärkt werden. Wenn wenigstens dies gelänge, wäre ein Ziel dieses Essays erreicht.

Die Idee zu diesem Essay ist der Zusammenarbeit mit Ulrich Beck, Martin Mulsow, Winfried Schulze und Annette Meyer zu verdanken, die mir im Jahre 2008 im Rahmen eines Kooperationsprojekts der Münchner Sonderforschungsbreiche „Reflexive Modernisierung“ und „Autorität und Pluralisierung in der Frühen Neuzeit“ den Auftrag gaben, über das Problem der Nebenfolgen in der Geschichte zu schreiben. Das Thema hat mich seitdem nicht losgelassen und ich habe mit vielen meiner Kollegen darüber diskutiert. Ihnen ist es daher geschuldet, dass ich – trotz einiger kritischer Einwände – das Problem weiterhin als so virulent ansah, dass es einem breiteren Publikum zur Diskussion vorgelegt gehört. Insbesondere bedanke ich mich in diesem Sinne auch noch bei Arndt Brendecke, Susanne Friedrich, Falk Müller und Moritz Epple für Kritik und Ratschläge. Hartmut Leppin bin ich sehr dankbar, eine kritische Lektüre des letzten Kapitels zur Athener Demokratie vorgenommen zu haben; durch ihn habe ich wieder Mut gefasst, das Projekt weiter zu verfolgen. Zuletzt gebührt mein Dank auch den Herausgebern der *Historischen Zeitschrift*, insbesondere Andreas Fahrmeir, die das Manuskript in die Reihe der Beihefte aufgenommen haben.

Frankfurt am Main, September 2014

Die Wiederkehr der Gesellschaftsgeschichte

von Ulrich Beck

Benjamin Steiner hat ein richtig gutes Buch geschrieben – denn es schlägt eine dringend nötige Brücke zwischen Geschichtswissenschaft und Soziologie und wirkt insofern anregend in diese beiden gegeneinander abgegrenzten, sozialwissenschaftlichen Forschungsdisziplinen hinein. Die Soziologie regt es an, sich den verlorengegangenen historischen Blick neu anzueignen, um die Bewegung ihres eigenen Forschungsgegenstandes zu verstehen; die Geschichtswissenschaft regt es an, soziologische Einsichten des Nebenfolgen-Theorems der Modernisierung aufzugreifen. Zugleich öffnet dieses Buch Einsichten und weist anhand von Fallstudien auf Praktiken hin, wie so etwas empirisch „gemacht" werden kann.

Dabei lässt Steiner durchblicken, dass es bei dem scheinbar nebensächlichen Nebenfolgen-Thema – zu Ende gedacht – um nicht weniger als um die Wiederkehr der Gesellschaftsgeschichte geht. Das Besondere ist, dass sich diese Renaissance nicht an Intentionen, Ideologien, Utopien oder politischen Programmen und Konflikten, Klassenkämpfen, Flüchtlingsbewegungen oder Kriegen festmachen lässt. Vielmehr schleicht sie sich sozusagen durch die Hintertür der Nebenfolgen ein. Das Ineinander von Nebenfolgen und historischen Diskontinuitäten ist dabei der Witz des Arguments.

Die Reflexivität der Zweiten Moderne geht aus der Tatsache hervor, dass die Gesellschaft sich nun mit den unerwünschten und oft als Kollateralschäden bewusst hingenommenen Nebenfolgen ihrer eigenen Modernisierungsdynamik konfrontiert sieht. Nicht Armut, sondern Reichtum, nicht Krise, sondern Wirtschaftswachstum sowie das Ausblenden der Nebenfolgen treiben die Nebenfolgen-Transformation der modernen Gesellschaft voran.

Diese Transformation wird durch Nicht-Handeln nicht aufgehoben, sondern beschleunigt. Sie kommt nicht aus den Zentren der Politik, sondern aus den Laboratorien der Technik, Wissenschaft und Wirtschaft. Mithin wird sie gerade *nicht* ausdrücklich zur Wahl gestellt wird, also nicht im Zuge demokratisch gezähmter Politik, sondern eben mit der Macht der verschwiegenen Nebenfolgen. So verwandelt

DOI 10.1515/9783110405019.11

sich die nationalstaatlich organisierte Industriegesellschaft in eine unbekannte Weltrisikogesellschaft.

Um John Deweys Argument in seinem Buch *The Public and Its Problems* (1954) abzuwandeln, handelt es sich nämlich bei der Weltrisikogesellschaft um eine gesellschaftliche Formation, in der die hingenommenen, akkumulierten Nebenfolgen von Milliarden habituellen Handlungen die existierende soziale und politische, institutionelle Ordnung hat obsolet werden lassen. In der Zweiten Moderne haben die zu Hauptfolgen mutierten Nebenfolgen vergangenen Handelns die ganze Gesellschaft so durchdrungen, dass sie ein zunehmendes Bewusstsein dafür schaffen, dass das Narrativ der Kontrollierbarkeit der Welt zur Fiktion geworden ist.

Als Ausgangspunkt arbeitet Steiner heraus, dass Nebenfolgen (im Gegensatz zu Formulierungen bei mir, die das nahelegen) weder unbeabsichtigt sein müssen, noch Überraschungen darstellen müssen. Wie am Beispiel des Klimawandels deutlich wird, müssen sie oft vielmehr als absehbare, „in Kauf genommene Kollateralschäden" begriffen werden.

> „Darüber hinaus bieten aber auch die in Kauf genommenen Nebenfolgen für die Geschichtswissenschaft ein heuristisches Modell, mit dem historischer Wandel darstellbar ist. Denn es ist nun einmal nur auf den ersten Blick so, dass Nebenfolgen in der Geschichte überraschend auftreten. Wenn innerhalb eines Krisendiskurses das Auftreten subversiver und aushöhlender Folgeprobleme problematisiert wird, dann heißt das nicht, dass deren Zutagetreten nicht vorhergesehen wurde. Wie in den folgenden historischen Fällen von Epochenbrüchen gezeigt wird, so offenbart der grobe Blick auf den Diskurs einer Krise, dass es oft Nebenfolgen sind, die für die Krise verantwortlich gemacht werden. Es wird kritisiert, dass sich durch langsame Bewegung innerhalb eines Diskurses, die teils mit bestimmten Akteuren assoziiert werden oder auch nicht, ein Widerspruch innerhalb des eigenen kollektiv-gesellschaftlichen Selbstverständnisses gebildet hat, der nicht in der Absicht dieses Selbstverständnisses liegt. Aus der Perspektive eines Krisendiskurses also erscheinen Folgeprobleme bzw. Nebenfolgen unbeabsichtigt oder werden ursächlich der Absicht eines, meistens minoritären und daher relativ einflusslosen Gegendiskurs zugesprochen. Irritierend wirkt dabei stets, dass die Probleme nicht nur unbeabsichtigt waren und außerhalb des Mainstreams eine Heimat im ‚Untergrund' finden, sondern dass sie auch dem Hauptdiskurs inhärent zu sein und in letzter Konsequenz in ihm schon ursprünglich angelegt scheinen. Und so muss man den Blick durch die Nebenfolgen-Brille schärfen und auf die Übergänge von den Hauptdiskursen auf die Nebendiskurse fokussieren." (S. 33 f.)

Als Forschungsstrategie schlägt Benjamin Steiner vor: Der historische Blick (und das gilt auch für den soziologischen) sollte sich für die Verbindung vom Hauptdiskurs zu Nebendiskursen interessieren, wobei gerade diese Verbindung als ein Prozess der Umwertung, des Prioritätswechsels gesehen werden kann. Zunächst gilt: Wer nach den Nebenfolgen fragt, sollte zeitversetzt am Beginn einer Epoche eben nicht nur nach den hohen Absichten des neuen Gesellschaftsmodells fragen, sondern auch nach den schon früh formulierten möglichen Nebenfolgen und deren Risikopotenzial. Der andere Forschungsblick dagegen muss dem Ende einer solchen von den Akteuren selbst definierten Epoche gelten, wobei nun die zuvor kleingeschriebenen Nebenfolgen und Risiken in den Fokus treten und diese Risikodiskurse zu einem neuen Gründungsmoment werden können, in dem Zusammenbruch und Aufbruch ineinander greifen.

Steiner verteidigt die historischen Besonderheiten der „Risikogesellschaft" und „reflexiven Modernisierung" mit dem Argument, dass das „Risikobewusstsein und die Ökologie in der Zweiten Moderne" einen ganz anderen Rang haben als in der Antike und der Frühen Neuzeit. Ein Vorteil des Begriffsapparates Risikogesellschaft sieht Steiner darin, „dass er [der Begriffsapparat] die gesellschaftlich-politische Interessenlage der heutigen Zeit zu treffen in der Lage war. Was Luhmann mit dem Protestbewegungen in den achtziger Jahren als Folgeproblem bezeichnete", das von den Teilsystemen als Rauschen externalisiert wird, bildet in der Theorie der Risikogesellschaft das Fundament der Transformation der Welt.

> „Als Historiker kann man hier lernen, dass Neues einer Zeit durch subversive Veränderungsdynamiken hervorgebracht, verbreitet und schließlich institutionalisiert wird: Die Errungenschaften der Epoche ‚Moderne', in erster Linie die Industrialisierung, werden zurückgefahren bzw. aufgehalten, Risiko durch Modernisierung wird erkannt und eingedämmt, die Umwelt als globaler Lebensraum wahrgenommen und geschützt. Das sind in der Tat historische Singularitäten, die bei allem Theorieüberbau als historische Spezialität der Risikogesellschaft kennzeichnend sind. Die Mechanismen der Strukturänderung, die hier aufgezeigt werden, inspirieren indes zum historischen Vergleich und zur Verallgemeinerung über die Epochen hinweg." (S. 27 f.)

Was die Gegenwart der Soziologie betrifft, muss man sagen: Der Mainstream der soziologischen, aber wohl auch politikwissenschaftlichen Theorien und die darauf aufbauenden Forschungsstrategien sind nicht in der Lage, die Wiederkehr der Gesellschaftsgeschichte zu erkennen und anzuerkennen; und zwar deswegen, weil die großen Gesellschaftstheorien Foucaults, Bourdieus und Luhmanns ebenso wie *ra-*

tional-choice-Theorien bei allen Gegensätzen eine Gemeinsamkeit teilen: Sie legen den Fokus auf die Reproduktion und eben gerade nicht auf die Transformation der sozialen und politischen Ordnung.

Am Beginn der Ersten Moderne haben die Klassiker der Soziologie einen Stil der Analyse entwickelt, der zweierlei, auf den ersten Blick einander ausschließende Sichtweisen miteinander verbindet: im Blick auf die Vergangenheit, historische Diskontinuität –Transformation – zu diagnostizieren (auf der Grundlage der Urunterscheidung zwischen Tradition und Moderne) und, im Blick auf die Zukunft, Kontinuität, d.h. Linearität (mehr desselben: mehr Rationalität, funktionale Differenzierung, Markt, Macht, Technik usw.). Auf diese Weise geriet die Historizität der Moderne selbst aus dem Blick: Ja, die Gesellschaftsgeschichte wurde in den Denkkäfig der Nationalgeschichte gesperrt, und die Unvorhersehbarkeit der Zukunft wurde durch die Erzählungen der Rationalisierung und des Fortschritts verharmlost. Dieser *presentism* der klassischen Soziologie führte zu der Herausbildung eines zeitlich „blinden" Konzepts von Modernisierung, in dem Geschichte, fundamental betrachtet, immer dieselbe bleibt. Unter der Oberfläche der Diagnose von Innovation und sozialem Wandel durchdrang die säkulare Religion der Nation alles soziale und politische Denken – in der Politik, aber auch die Beobachterperspektiven in den Sozialwissenschaften. Das nennen andere und ich „methodologischen Nationalismus". Das Denken in geschichtlichen Kategorien impliziert die Erwartung des Unerwarteten, die Erwartung der Eruption eines „anderen"; jedoch diese Art von Erwartung wurde domestiziert durch die Reproduktion der Vergangenheit – oder aber begriffen als eine Bedrohung durch Chaos und Unordnung.

Die Zweite Moderne der Weltrisikogesellschaft hat mit diesem Modell der Reproduktion sozialer und politischer Ordnung gebrochen, wodurch eine ganze Reihe neuartiger kosmopolitischer Dynamiken, Verläufe und Regime der Transformation in den Blick geraten. Um diese Transformationen überhaupt konzeptionell zu erschließen und zu erforschen, ist es allerdings erforderlich, mit der in den soziologischen Theorien vorherrschenden Metaphysik der sozialen Reproduktion von gesellschaftlicher und politischer Ordnung zu brechen, die sich darin zeigt, dass sich dieselben Grundmuster und Dualismen der nationalstaatlichen Moderne und internationalen Politik zirkulär immer wieder aufs Neue bestätigen.

Solch ein Bruch, der die Wiederkehr der Historizität von Gesellschaft und Politik ins Zentrum rückt, wirft epistemologische und politische Fragen auf, auf die die etablierten, wissenschaftlichen Disziplinen und Schulen kaum Antworten wissen. Da die Zukunft als Teil der Erfahrung der Vergangenheit konzeptualisiert wird, lässt sich keine grundlegende Diskontinuität ausmachen, nur Formen linearer Extension. Was entsteht, sind verschiedene Modelle moderner Gesellschaft, die dem Ideal zeitloser Ewigkeit nahekommen: Zwar gibt es überall immer sozialen Wandel, aber der Typus der Gegenwartsgesellschaft dominiert und kolonialisiert die Zukunft, die auf diese Weise scheinbar verlässlich und kontrollierbar wird –tatsächlichjedoch zeigt der Klimawandel, dass die globalen Risiken wachsen und ihr Transformationspotential entfalten.

Genau das ist es, was die Domestizifierung der Historizität der Gesellschaft und Politik im Vokabular, ja, in der Grammatik des „sozialen Wandels" ermöglicht – allerdings um den Preis, dass die Entwicklung der Welt auf beängstigende, den Kulturpessimismus weiter vorantreibende Weise eklatant unverständlich wird. Der Satz: „Ich verstehe die Welt nicht mehr" dürfte heute den schweigenden Konsens einer Mehrheit auf den Punkt bringen, was, Hand aufs Herz, eine Mehrheit der sozialwissenschaftlichen Beobachter einschließt.

Von Benjamin Steiners Buch lässt sich dieses lernen: dass sich vielleicht gar nicht die Welt auf den Abgrund zu bewegt, sondern unser Denken über sie.

Einleitung

Was ist eine Historische Soziologie reflexiver Modernisierung?

Die ehemals so fruchtbare Allianz zwischen Soziologie und Geschichtswissenschaft bedarf einer Neuauflage. Zwei Sonderforschungsbereiche in München haben in den vergangenen Jahren dafür eine institutionelle Ausgangsbasis für die Kooperation von Forschern zur Frühen Neuzeit aus den Departments für Philosophie, Geschichts-, Literatur- und Musikwissenschaften einerseits und Soziologen als Erforschern der gegenwärtigen Gesellschaft andererseits geschaffen. Der Ansatz des einen Sonderforschungsbereichs war vorrangig ein historischer: Die Frühe Neuzeit wird als eine Epoche begriffen, in der sich auf mehreren Strukturebenen – Wissen, Praxis und Macht – ein Spannungsfeld entwickelte, auf dem sich zwischen der statisch-konservativen Kraft der „Autorität" und den dynamisch-verändernden Einwirkungen der „Pluralisierung" epochenspezifische Phänomene wie neue Herrschafts- und Informationssysteme, Hybridisierungen unterschiedlicher Kulturen oder Religionskonfessionalisierung herausbilden konnten. Eine Kernaussage des Sonderforschungsbereichs „Pluralisierung und Autorität in der Frühen Neuzeit" war es, dass im Aufeinanderwirken der statischen und dynamischen Kräfte, Autorität Pluralisierung evozieren und umgekehrt Pluralisierung wiederum Autorität bewirken kann.

Dieses gemeinsame Band der unterschiedlichen historischen Untersuchungen zur Frühen Neuzeit bietet eine Anschlussmöglichkeit an das Kernstück des anderen Münchener Sonderforschungsbereichs „Reflexive Modernisierung". Dieser Forschungsverband operierte zwar nicht mit historischen Kategorien, sondern bediente sich einer systematischen, gegenwartsbezogenen empirischen Methode (dieser Unterschied ist bedeutend und rückt die Unterschiede zwischen der nur historisch zu erfassenden Frühen Neuzeit und der in diesem Fall theoretisch und empirisch zu erfassenden Gegenwart stärker in den Vordergrund). Doch einte beide Sonderforschungsbereiche das Interesse an theoretischen Basismodellen, die komplexen Themenfelder, die auf den ersten Blick wenig verbindet, in einen Sinnzusammenhang

DOI 10.1515/9783110405019.17

zu bringen. Beide Forschungsunternehmen bedienten sich eines Modells, das zwei scheinbar gegensätzliche Pole aufspannt. Reflexive Modernisierung betrachtet soziologisch schwer zu erfassende Phänomene der Gegenwart nicht mehr aus einem eindimensionalen Blickwinkel, wie z.B. mit teleologisch ausgerichteten Fortschrittsmodellen, sondern versucht das „sowohl ... als auch" in das Repertoire soziologischer Analysewerkzeuge zu integrieren. So wird beispielsweise die als weiterhin zunehmend diagnostizierte Individualisierung innerhalb der globalen Gesellschaft in untrennbarem Zusammenhang mit einer zunehmenden Totalisierung, die für die Sicherheit des Individuums eine notwendige Bedingung darstellt, gesehen. Die Einsicht, dass man die gegenwärtige Gesellschaft nicht mehr nach klar abgrenzbaren Kategorien erklären kann, hat somit nicht nur die Ansätze von Frühneuzeitforschern geprägt, sondern auch die der Gegenwartsdiagnostiker. Die Moderne scheint in die Krise geraten zu sein; diese Feststellung eint die sonst in Methodologie und Thematik so unterschiedlich ausgerichteten Sonderforschungsbereiche.

Während der Frühneuzeit-Sonderforschungsbereich indes von Pluralisierung und Autorität spricht und damit eine allgemeine Formel für viele Einzeluntersuchungen liefert, spricht der Soziologie-Sonderforschungsbereich häufig dann von „Nebenfolgen", wenn es darum geht, von modernen Idealvorstellungen ausgehend, unerwartete Effekte und Auswirkungen von Handlungen innerhalb bestimmter Entwicklungen zu erklären. Diese Nebenfolgen sind deswegen für die Soziologie reflexiver Modernisierung so wichtig, da sie eine Leerstelle der nicht-reflexiv operierenden Soziologie bezeichnen. Bei Nebenfolgen handelt es sich aber gerade um die Probleme der gegenwärtigen Gesellschaft, die bislang in der Soziologie kategorial schwer erklärbar gewesen seien. Eine Theorie reflexiver Modernisierung will zeitgemäß sein und holt mit der Berücksichtigung der Folgeprobleme moderner Fortschrittlichkeit die Gegenwart wieder ein. Bewusst werden die „populären" und tagesaktuellen Probleme wie Risikoabwägung (Atomkraft), Umweltzerstörung (Klimawandel) und Exklusionsphänomene (Migration in der kosmopolitischen Gesellschaft) als zentrale Kernthemen einer Soziologie der Zweiten Moderne gewählt.[5]

Der Aufruf, die Kategorien der als modern bezeichneten Soziologie reflexiv zu

5 Vgl. *Ulrich Beck/Boris Holzer/André Kieserling*, Nebenfolgen als Problem soziologischer Theoriebildung, in: Ulrich Beck/Wolfgang Bonß (Hrsg.), Die Modernisierung der Moderne. Frankfurt am Main 2001, 63–82, hier 72.

überdenken und die Nebenfolgen der Ersten Moderne als Untersuchungsgegenstand zu wählen, hat sich fruchtbar auf die Disziplin ausgewirkt – das zeigt nicht zuletzt die internationale Akzeptanz des Begriffs der „Risikogesellschaft", mit dem Ulrich Beck die Auswirkungen einer Nebenfolge beschreibt.[6] Doch eignet sich das Nebenfolgentheorem[7] als Werkzeug historischer Analyse? Kann man mit dieser Denkfigur historische Umbrüche effektiver und mit mehr Erkenntnisgewinn beschreiben? Oder lassen sich die Phänomene, die in der Theorie reflexiver Modernisierung als Nebenfolge dargestellt werden, auch genauso gut mit anderen Worten und Begrifflichkeiten (wie z.B. „Rückkopplungseffekte", „Überspannungseffekte" „Paradoxien", „Widersprüche" oder „Ambivalenzen") erklären?[8] Hier soll versucht werden, anhand einiger Problemfälle der Geschichte den Nebenfolgenbegriff auszuprobieren, durchzudeklinieren und auf seine heuristische Aussagekraft zu überprüfen.

Als Werkzeug für den Historiker eignet sich der Nebenfolgenbegriff nur in einer groben Art und Weise; genauerer und empirischer Überprüfung hält er nicht stand. Aber bei einem makrohistorischen Thema wie der Beschreibung einer Epoche oder eines Epochenbruchs kommt der historisch-soziologischen Beschreibung die Grobheit des Begriffes entgegen. Es ist eine metahistorische Ebene, auf der man die Vereinfachungen der Soziologie, wie z.B. die Annahme eines kollektiven Handlungsakteurs, auf die Geschichtswissenschaft überträgt. Diese Grundvoraussetzungen, unter denen die sinnvolle Verwendung des Nebenfolgetheorems stattfinden kann, müssen jedoch genau definiert und aufgezeigt werden.

---

6 Vgl. *Ulrich Beck*, Risikogesellschaft. Auf dem Weg in eine andere Moderne. Frankfurt am Main 1986; zum Stand der Diskussion um die Soziologie der Zweiten Moderne vgl. *ders./Anthony Giddens/Scott Lash* (Hrsg.), Reflexive Modernisierung. Eine Kontroverse. Frankfurt am Main 1996.

7 Betont werden muss hier, dass es nur Sinn macht, das Theorem der Nebenfolge „zweiter Ordnung", wie es *Stefan Böschen/Nick Kratzer/Stefan May*, Nebenfolgen. Analysen zur Konstruktion und Transformation moderner Gesellschaften. Gütersloh 2006, 25, definieren, zu verwenden. Unter Nebenfolgen werden hier solcherlei Konsequenzen verstanden, die das „Kohärenzgefüge" und das Gefühl der Einheit einer Gesellschaft und Epoche grundsätzlich unterwandern. Der Begriff der Nebenfolge („erster Ordnung"), die die Selbstgewissheit einer Kohärenz von Programm, Institution und Handeln unangetastet lässt, ist nicht nur als soziologisches, sondern auch als historisches Werkzeug zu allgemein konzipiert und daher in diesem Zusammenhang eher uninteressant.

8 Zur kritischen Analyse der Anwendung dieser Begriffe in der Soziologie vgl. *Martin Hartmann*, Widersprüche, Ambivalenzen, Paradoxien – Begriffliche Wandlungen in der neuen Gesellschaftstheorie, in: Axel Honneth (Hrsg.), Befreiung aus der Mündigkeit. Paradoxien des gegenwärtigen Kapitalismus. Frankfurt am Main 2002, 221–251.

Um den Begriff der Nebenfolge freien und guten Gewissens so wie Soziologen der Zweiten Moderne benutzen zu können, muss eine zentrale Prämisse gelten: Vorauszusetzen ist eine als Einheit verstandene Gesellschaftsstruktur, die sich überdies auch selbst als Gefüge begreift. Denn dieses wird von Beck und seinen Kollegen als Charakteristikum der heutigen, modernen Gesellschaft gewertet, gerade auch im Gegensatz zu früheren (und anderen), so genannten vormodernen Gesellschaften. Dieser Alleinstellungsannahme soll jedoch hier ein anderer Akzent entgegengesetzt werden. Mit Ausnahme einer Gesellschaft, die uns außer Überresten kaum Quellen hinterlassen hat, über die wir auf ein reflexives Bewusstsein schließen könnten, wie z.B. der neolithischen Kulturgemeinschaft, kann man von vielen historisch beschreibbaren sozialen Formierungen in der Geschichte der Menschheit behaupten, dass sie sich als zeitlich und räumlich differenzierbares einheitliches Ganzes darstellen lassen.

Das Nebenfolgentheorem zeigt seine Stärken dann, wenn man als Historiker den Verlauf der Geschichte in seinen allgemeinen Strukturen beschreiben möchte. Eine historische Soziologie reflexiver Modernisierung versucht, den generalisierenden Analysemodus der Gegenwartsdiagnose auf die Beobachtungsebene der vergangenen Epochen zu übertragen. Den Gewinn, den sich die Soziologie mit ihren Zeitdiagnosen verspricht, nämlich der gegenwärtigen Gesellschaft eine Selbstbeschreibung zu erlauben, die sowohl sinnstiftend als auch handlungsleitend für die weitere Zukunftsgestaltung sein kann, kann sich auch die Geschichtswissenschaft von der Fremdbeschreibung vergangener Gesellschaften erhoffen. Darüber hinaus können die Ergebnisse einer derart beeinflussten historisch-soziologischen Forschung immer auch rückwirkende Relevanz für Theorie und Empirie der zeitgenössischen Soziologie haben.

Dass diese gegenseitige Befruchtung schon vor langer Zeit bedeutende Erkenntnisse brachte, dürfte selbst bei oberflächlicher Beschäftigung mit der modernen Geschichtswissenschaft bekannt sein. Es war in erster Linie Max Weber, der mit seiner historischen Methode innerhalb der Soziologie die deutsche Geschichtswissenschaft nach 1945 fundamental beeinflusst hat. Man denkt dabei primär an die Vertreter der deutschen Sozialgeschichte, wie Jürgen Kocka, Hans-Ulrich Wehler, Hans und Wolfgang J. Mommsen, die als Gesellschaftshistoriker mit starkem theoretischen Bezug auf Weber zu verstehen sind. Dabei sei jedoch nicht vergessen, dass schon zu Lebzeiten Max Webers ein lebendiger interdisziplinärer Diskurs zwischen den Geschichtswissenschaft und der neuen Disziplin der Soziologie eine fruchtbare

Forschungstradition begründete, die freilich in den folgenden Jahrzehnten unter dem Schicksal der durch den Nationalsozialismus erzwungenen Emigration ihrer jüdischen Vertreter zu leiden hatte, so dass sich hier eine Traditionslücke innerhalb der deutschen Historiographiegeschichte gebildet hat. Es waren Historiker wie etwa Otto Hintze, die versuchten, durch die geschichtswissenschaftliche Modifikation des Weber'schen Begriffs des soziologischen „Idealtypus" zum historischen „Realtypus" die lebensweltlichen Dimensionen in der soziologischen Theoriebildung geltend zu machen.[9] Ebenso baute der später in der Emigration lebende Soziologe Norbert Elias seine Untersuchung über die höfische Gesellschaft auf historisch-soziologischen Überlegungen auf. Er konnte darin das einzigartige, historische Individuum Ludwig XIV. – nach der Weber'schen Terminologie – als traditionalen, nicht-charismatischen Herrschaftstypus beschreiben, dessen Handlungen in einem Modell des „Königsmechanismus" stattfanden. „Die Aufgabe der Soziologie", so schreibt Elias, „ist es, gerade das, was in der bisherigen Geschichtsforschung oft als unstrukturierter Hintergrund erscheint, in den Vordergrund zu rücken und als einen strukturierten Zusammenhang von Individuen und deren Handlungen der wissenschaftlichen Untersuchung zugänglich zu machen."[10]

Nur diese wenigen Beispiele seien genannt, um an die fruchtbaren Beziehungen zwischen Soziologie und Geschichtswissenschaften während des 20. Jahrhunderts erinnert zu haben. Für die letzten Jahrzehnte, in der die Auswirkung des so genannten *cultural turn* innerhalb der Geschichtswissenschaften für einen Niedergang der Sozial- und Gesellschaftsgeschichte gesorgt haben, kann man feststellen, dass die interdisziplinäre gegenseitige Bezugnahme zwischen beiden Disziplinen schwächer und weniger einflussreich geworden ist. Das mag an der steigenden Bedeutung der Ansätze von Mentalitäts- und Alltagshistorikern liegen, die nun nicht mehr Strukturen, d.h. soziologische Bedingungen der Geschichte ins Zentrum stellen, sondern sich eher auf die Schicksale von einzelnen Individuen konzentrieren. Diese Schwerpunktverlagerung von der Gesellschaft auf das Individuum hat zu einer gewissen

---

9 Vgl. *Otto Hintze*, Soziologie und Geschichte, Göttingen 1964, 224: „Gegenstand der Staatslehre ist entweder der Idealtypus des möglichen positiven Staates überhaupt oder der Realtypus des wirklichen positiven Staates." Vgl. dazu auch *Winfried Schulze*, Soziologie und Geschichtswissenschaft. Einführung in die Probleme der Kooperation beider Wissenschaften. München 1974, 42f.

10 *Norbert Elias*, Die höfische Gesellschaft. Untersuchungen zur Soziologie des Königtums und der höfischen Aristokratie. Mit einer Einleitung „Soziologie und Geschichtswissenschaft". Frankfurt am Main 1983, hier 9–60, bes. 46.

Rehabilitierung der historischen Mikroebene geführt, die von der, in dieser Hinsicht immer noch vom Historismus der politischen Staatengeschichtsschreibung des 19. Jahrhundert beeinflussten Sozialgeschichte der 1960er Jahre noch zu wenig berücksichtigt worden sind. Dass diese Entwicklung innerhalb der Geschichtswissenschaft zu begrüßen ist, steht außer Frage. Schließlich konnte die Geschichte sich wieder mit den Kernthemen des gesellschaftlichen Interesses beschäftigen, wie z. B. in der Erinnerungsgeschichte die traumatischen und symbolischen Erfahrungen ganzer Generationen ihr Gehör finden konnten und wie in der Kulturgeschichte dem Einfluss von alltäglichen Gewohnheiten, Regeln und Regelmäßigkeiten auf den Verlauf der Geschichte Ausdruck verliehen wurde.[11]

Doch steht dem Gewinn an Individualisierung der Geschichten ein Orientierungsbedürfnis auf der makrohistorischen Ebene gegenüber, für das es mindestens ebenso Bedarf in der Geschichtswissenschaft gibt. Nicht zuletzt fordert umgekehrt auch ein gesellschaftliches Interesse von der Geschichtsschreibung für sich selbst eine historische Sinnstiftung ein, die große Bewegungen und Veränderungen in der Gegenwart aus der Geschichte verstehen und begreifen zu helfen vermag. Dass dieses gesellschaftliche Leitinteresse nicht im Widerspruch zu einer kulturalistisch-individualisierenden Sichtweise stehen muss, hat schon das Beispiel des um 1900 wirkenden Historikers Karl Lamprecht gezeigt. Dieser hatte versucht, psychologische Gesetzmäßigkeiten in der „Kultur- und Universalgeschichte“, wie er die an seinem Leipziger Institut betriebene Disziplin nannte, zu beschreiben. Er sah daher in der Geschichte „die Wissenschaft von den seelischen Veränderungen menschlicher Gemeinschaften“.[12] In den Erkenntnismöglichkeiten der Psychologie, die Lamprecht als „Mechanik der Geisteswissenschaften“ verstand, „liegt“, so schreibt Winfried Schulze, „auch die Verbindung zur Soziologie. Beide Disziplinen beschäftigen sich in seinem Verständnis ‚mit den zeitlichen stetigen Erscheinungen des Seelenlebens‘ und bieten so die methodischen Grundlagen für die Analyse historischer Phänomene“.[13] Diese psycho-soziologischen Gesetzmäßigkeiten veranlassten Lamprecht schließlich dazu, die Geschichte in „Kulturzeitalter“ einzuteilen, die, jeweils untereinander verbunden, als „höchste Begriffe zur ausnahmslosen Subsumtion aller see-

11 Vgl. z. B. *Peter Burke*, Was ist Kulturgeschichte? Bonn 2005.

12 *Karl Lamprecht*, Die kulturhistorische Methode. Berlin 1900, 15.

13 *Winfried Schulze*, Soziologie und Geschichtswissenschaft. Einführung in die Probleme der Kooperation beider Wissenschaften. München 1974, 27.

lischen Entwicklungserscheinungen menschlicher Gemeinschaften, d.h. allen historischen Geschehens überhaupt" gelten.[14] Gerade aufgrund des Versuchs, die verschiedenen Erkenntnismethoden der Psychologie und Soziologie unter dem Dach einer in diesem Sinne universalistischen Kulturgeschichte zu vereinen, muss Lamprecht heute wieder als wichtiger Autor in der Geschichte der Interdisziplinarität zwischen diesen Fächern wahrgenommen werden.

Derzeit erscheint nämlich die Lösung der Aufgabe, die verschiedenen Ergebnisse hoch spezialisierter Disziplinen und Teildisziplinen in einer sowohl Gesellschaft und Individuum vereinenden Synthese zusammenzufügen, kaum leichter als in den Jahren um 1900.[15] Das ehrgeizige Ziel, welches sich Lamprecht damals gesetzt hatte und mit dem er schließlich am Widerstand des damaligen geschichtswissenschaftlichen Establishments scheiterte, bestand darin, die Geschichte wieder gesellschaftsrelevant und einem breiten Publikum ein historisches Deutungsangebot für den Zustand der Gegenwart zu machen. Der Verkaufserfolg, den Lamprecht damals mit seinem monumentalen Hauptwerk der *Deutschen Geschichte* hatte, spiegelt jenseits jeder akademischen Verurteilung dieses Werks das enorme Interesse wieder, das narrative Gesamtentwürfe der Geschichte hervorrufen können.

Es bedarf dabei heute vielleicht nicht mehr so sehr der Einbindung der Psychologie in die Geschichtswissenschaft – sie hat ihren etablierten Platz nicht nur in der Mentalitätsgeschichte, sondern auch in eigens geschaffenen Subdisziplinen wie der französischen *psychohistoire* bzw. amerikanischen *psychohistory* gefunden –, so doch wohl vielmehr den Bindungskräften der soziologischen Theorie, damit der Geschichtswissenschaft ein gesellschaftspolitisch zentralerer Status zugestanden werden kann. Das Theorieangebot der Soziologie reflexiver Modernisierung birgt gerade aufgrund seiner gegenwärtigen gesellschaftlichen Relevanz besondere Attraktivität für die Geschichtswissenschaft. Ihr Erfolg als zeitdiagnostisches Instrument allein rechtfertigt schon die genaue und eingehende Überprüfung ihrer Adaptabilität mit der historischen Erkenntnismethode.

Deswegen wird hier von einer *Historischen Soziologie reflexiver Modernisierung* gesprochen, die sich aus einem Gegenwartsinteresse für die heutige Zeit begründet. „Moderne" ist hier jedoch nicht als ein epochenspezifischer Begriff gemeint, der sich

---

14 *Lamprecht*, Methode (wie Anm. 12), 28.

15 Vgl. *Bruno Latour*, Wir sind nie modern gewesen. Versuch einer symmetrischen Anthropologie. Frankfurt am Main 2008, 18–21.

als solcher nicht ohne weiteres auf das Mittelalter oder das Altertum anwenden ließe, sondern soll hinsichtlich auf seine inhaltliche Bedeutung auch für nicht- oder vormoderne Epochen gelten dürfen. Ebenso wie die Nachmoderne als Weiterführung der „Moderne“ und nicht notwendigerweise als völliger Bruch mit dieser verstanden werden kann, soll auch die Ähnlichkeit der vormodernen Epochen mit der „Moderne“ angenommen werden. Das hat den Vorteil, dass die Verwechselung der Epoche der Moderne mit modernen Phänomenen vermieden wird. „Moderne“ ist zwar eine chronologisch ungefähr eingrenzbare Epoche, doch sind die in ihr vorkommenden Phänomene nicht historisch singulär und auf einen bestimmten Zeitraum begrenzt. Prinzipiell kann „Moderne“ immer und zu jeder Zeit passieren. Dass historische Umstände die bestimmten Äußerungen von „Moderne“ verändert, verschieden, ja geradezu verzerrt erscheinen lassen, ist eine wichtige Einschränkung dieser überhistorischen Gültigkeitsannahme. Aber gerade das ist ja die Aufgabe des historischen Soziologen: Die soziologisch immer geltenden Phänomene in ihren verschiedenen, „individuellen“ historischen Kontexten in Beziehung zu setzen.

Ein Spiegelkabinett der Epochen?

Martin Mulsows Idee der Spiegelung von Früher Neuzeit und Zweiter Moderne an der Spiegelungsachse Erste Moderne will Kontinuitäten in Form von Ähnlichkeiten über große Zeitperioden, sozusagen über Bruchepochen hinweg nachweisen.[16] Es geht dabei weniger um eine singuläre Spiegelung zweier Epochen, sondern eher um ein Phasenmodell der Geschichte, in dem bestimmte Phasenzustände alle paar

16 *Martin Mulsow*, Reflexive Modernisierung, Aufklärung und Frühe Neuzeit, in: ders./Ulrich Beck (Hrsg.), Diskontinuität und Kontinuität der Moderne im historischen Vergleich. Frankfurt am Main (in Vorbereitung). Gewisse Ähnlichkeiten bestehen zu Karl Jaspers Modell der Achsenzeit (200–800 v. Chr.), der damit auch nur versucht, „ein einheitliches, zusammenfassendes Totalbild der Menschheitsgeschichte zu gewinnen“ (*Karl Jaspers*, Vom Ursprung und Ziel der Geschichte. Zürich 1949, 16). Vgl. dazu auch *Herbert Scheit*, „Achsenzeit“ – Ein (fast) vergessenes Modell für eine Wendezeit, in: Peter Segl (Hrsg.), Zeitenwenden – Wendezeiten: Von der Achsenzeit bis zum Fall der Mauer, Dettelbach 2000 und *Shmuel N. Eisenstadt*, Kulturen der Achsenzeit. Ihre Ursprünge und ihre Vielfalt. Frankfurt am Main 1987, I, 10–40. Kritisch gegen eine solche Vorstellung der „Moderne im Hinblick auf essentialistische Gleichheit, binäre Dualität und nationalstaatliche Abgeschlossenheit zu einem nachgerade erratischen historischen Block“ äußert sich *Andreas Rödder*, Moderne – Postmoderne – Zweite Moderne. Zeithistorische Deutungskategorien für das späte 20. Jahrhundert, in: Mulsow/Beck, Diskontinuität (wie oben).

Jahrhunderte wiederkehren. Demnach lassen sich nicht nur zwischen Früher Neuzeit und Zweiter Moderne strukturelle und prinzipielle Muster im Sinne der Theorie reflexiver Modernisierung aufzeigen; ebenso kann man die Strukturähnlichkeiten im Sinne des Vorhandenseins und der Anwendbarkeit des Nebenfolgentheorems zwischen mehreren Epochen geltend machen. Durch die Brille der Theorie reflexiver Modernisierung erscheint daher die Geschichte als ein Spiegelkabinett, indem sich die Ähnlichkeiten zwischen den Epochen kreuzen, manchmal klar und manchmal verzerrt gegenübertreten.

Es ist kaum die Wiederkehr des stets Gleichen, der hier das Wort geredet werden soll, gleichwohl aber einer Wiederkehr von Strukturähnlichkeiten, die über zeitlich weit auseinander liegende Epochen nachzuweisen sind. Das Bewusstsein für Wandel und Kontinuität oder, anders gesagt, das Gefühl von Veränderung in der eigenen Lebenswelt oder das bewusste Befolgen von Traditionen, ist in der einen oder anderen Form vielen Gesellschaften bewusst. So ist es möglich, dass sich im Laufe der Jahrhunderte eine Konstellation der Kontinuität und des Wandels herausbilden kann, die so oder ähnlich schon einmal aufgetreten ist. Diese Ähnlichkeiten erscheinen insofern gespiegelt, da zwischen ihnen eine Zeit liegt, die die jeweils frühere Epoche als ihren Erfahrungsraum und die jeweils auf sie folgende Zeit als ihren Erwartungshorizont sieht. Wenn man das Koselleck'sche Gegensatzpaar mit der Spiegelungsmetapher in seiner epochalen Dimension kombiniert, so kann man den Erwartungshorizont als Reflexion des Erfahrungsraums und vice versa deuten.[17] Am Beispiel der Moderne wäre die Zeit der Nachmoderne ein Spiegelbild der Vormoderne, da hier die Muster des Erfahrungsraumes innerhalb des Erwartungshorizontes der Moderne ihren Niederschlag finden. Es ist keine Rückkehr zum Alten, die durch die Spiegelmetapher insinuiert wird, sondern, im Falle dieses Beispiels, eine modifizierte Transformation von historisch reflektierter Erinnerung der Vormoderne in eine sich konkretisierende Zukunft der Nachmoderne, deren Parameter in der Moderne abgesteckt wurden.

Die Idee der Spiegelung zweier Epochen anhand einer dritten will nicht die Achse der Spiegelung in dem Sinne marginalisieren, dass es sich bei einer Epoche wie der

17 Vgl. *Reinhart Koselleck*, ,Erfahrungsraum' und ,Erwartungshorizont' – zwei historische Kategorien, zuerst in: Ulrich Engelhardt / Volker Sellin / Horst Stuke, Soziale Bewegung und politische Verfassung. Stuttgart 1976, 13–33; wieder abgedruckt in: Vergangene Zukunft. Zur Semantik geschichtlicher Zeiten. Frankfurt am Main 1989, 346–375.

Moderne um eine Art Unfall oder Ausrutscher im festen Gefüge einer Kontinuität von Vormoderne zur Nachmoderne handelt. Vielmehr gilt die Moderne als aktives Bindeglied zwischen der vorlaufenden und nachfolgenden Epoche, deren Wesen alleine, ohne die Bezugnahme auf die anderen Epochen nicht zu verstehen ist. Was die Vormoderne bzw. die Frühe Neuzeit betrifft, so handelt es sich hierbei auch nicht um eine nur gespiegelte Epoche, sondern ebenso um eine Spiegelachse, die selbst auch über einen Erfahrungsraum und Erwartungshorizont verfügte. So fungieren alle Epochen nicht nur als Zeiträume relativ langer Dauer, die sich in ihrem Selbstverständnis abgrenzen, sondern sie sind selbst auch immer lange Revolutionen, die alte Kontinuitäten ablösen und neue ermöglichen. Damit kehrt man zu der schon von Hans Blumenberg hervorgehobenen wörtlichen Bedeutung des Begriffs der *epoché* zurück, der noch zu Zeiten der Französischen Revolution kein Zeitraum langer Dauer, sondern das Ereignis des Umbruchs bezeichnete. Blumenberg erinnert an Goethes „Geschichtserfahrung" beim Gefecht von Valmy 1792 „mit *einer* ‚Epoche', die aus *der* ‚Epoche' der Revolution hervorgegangen sein sollte."[18]

Inwieweit arbeiten also Gegenwartsreflexionen von der Antike bis in die Neuzeit mit den Mustern der Bewusstheit für Epochenschwellen und für Nebenfolgen? Gab es nicht in allen Zeiten, in denen man so etwas wie Zeitdiagnosen über seine Gegenwart stellte, gewisse Momente reflexiven Bewusstseins für die Dialektik gesellschaftlicher Veränderung, also mindestens eine reflexive Zeitsemantik für Veränderungsphänomene? Einige jüngere Arbeiten zur Umwelt- und Landschaftsgeschichte haben gezeigt, dass die zentralen Themen der Zweiten Moderne, wie z.B. ökologische Veränderung, Vorläufer in vielen Epochen haben, wenngleich auch der Reflexionsgrad über die damit verbundenen Folgeprobleme geringer oder schlicht andersartig erscheint.[19] Trotzdem ist dieses regelmäßige Auftreten des gleichen Bewusstseins für Nebenfolgen als erster konkreter Indikator für die Spiegelähnlichkeit von Epochen zu werten.

---

18 *Hans Blumenberg*, Die Legitimität der Neuzeit. Frankfurt am Main 1996, 532.

19 Vgl. z.B. zur Geschichte menschlicher Natureingriffe und ihrer ökologischen Folgen *Rainer Beck*, Ebersberg oder das Ende der Wildnis. Eine Landschaftsgeschichte. München 2003, hier 11; *Hansjörg Küster*, Geschichte der Landschaft in Mitteleuropa. Von der Eiszeit bis in die Gegenwart. München 1999, hier 80f.; vgl. auch: *Richard H. Grove*, Green Imperialism. Colonial Expansion, Tropical Island Edens and the Origins of Environmentalism. Cambridge 1995; populär hat *Jared Diamond*, Collapse. How Societies Choose to Fail or Succeed. London 2005, und *ders.*, Guns, Germs, and Steel. The Fates of Human Societes. New York/ London 1999, das Thema behandelt.

Abgesehen von den konkreten Nebenfolgen, die als Hauptunterscheidungsmerkmal zwischen einer Ersten und einer Zweiten Moderne aufgezeigt werden, sind es in anderen Zeiten schlicht andere Nebenfolgen, die als Problem oder als Anzeiger eines gesellschaftlichen Strukturwandels erkannt werden. Die von Alan Charles Kors bearbeitete Geschichte der Atheisten und das von Martin Mulsow behandelte Beispiel der radikalen Frühaufklärer im 17. Jahrhundert, die das heilsgeschichtliche Konstrukt der Theologie (eine „konkrete Struktur", die die Einheit der frühneuzeitlichen Gesellschaft ausmacht) auf heterodoxe Weise untergraben, zeigen, dass hier, in anderen Bereichen der gesellschaftlichen Zeitdiagnose, reflexives Bewusstsein für seine eigene Zeit stattfand.[20]

Es muss betont werden, dass nicht die Nebenfolgen oder die Reflexionen über Nebenfolgen als solche die Alleinstellungsmerkmale einer Epoche sind, sondern die bestimmte historische Ausprägung dieser Nebenfolgen. Risikobewusstsein und Ökologie etwa nehmen in der Zweiten Moderne einen ganz anderen Rang ein als in der Antike und der Frühen Neuzeit. Sie waren in diesen Zeiten Randmerkmale, historische Phänomene, aber eher singulär und nicht in dem Maße kennzeichnend. So lässt sich die Theorie reflexiver Modernisierung als historisches Erkenntnisinstrument dazu benutzen, Epochenübergänge und Diskontinuitäten schärfer zu fassen als es bislang möglich war. Denn der historische Bruch innerhalb einer gesellschaftsimmanent wahrgenommenen Kontinuität tritt immer dann ein, wenn die Gesellschaft sich selbst als in einer Krise befindlich beschreibt und die Reflexionen über ihre Basiswerte und Basisinstitutionen ein derartiges Ausmaß annehmen, dass die daraus hervorgehenden Nebenfolgen beginnen, das gesellschafts-historische Kontinuum zu untergraben.

Ein Vorteil des Beck'schen Begriffsapparats ist es, dass er die gesellschaftlich-politische Interessenlage der heutigen Zeit zu treffen in der Lage war. Was Luhmann mit den Protestbewegungen in den 1980er Jahren als Folgeproblem bezeichnet, bildet bei Beck ein Fundament des Strukturwandels.[21] Als Historiker kann man hier

---

20 *Alan Charles Kors*, Atheism in France, Bd. 1: The Orthodox Sources of Disbelief. Princeton 1990; *Martin Mulsow*, Moderne aus dem Untergrund. Radikale Frühaufklärung in Deutschland, 1680–1720. Hamburg 2002; *ders.*, Die unanständige Gelehrtenrepublik. Wissen, Libertinage und Kommunikation in der Frühen Neuzeit. Stuttgart 2007; jüngst auch *ders.*, Prekäres Wissen. Eine andere Ideengeschichte der Frühen Neuzeit. Frankfurt am Main 2012.

21 Vgl. z. B. *Niklas Luhmann*, Protest. Systemtheorie und soziale Bewegungen, hrsg. v. Kai-Uwe Hellmann. Frankfurt am Main 1996.

lernen, dass Neues einer Zeit durch subversive Veränderungsdynamiken hervorgebracht, verbreitet und schließlich institutionalisiert wird: Die Errungenschaften der Epoche „Moderne", in erster Linie die Industrialisierung, werden zurückgefahren bzw. aufgehalten, Risiko durch Modernisierung wird erkannt und eingedämmt, die Umwelt als globaler Lebensraum wahrgenommen und geschützt. Das sind in der Tat historische Singularitäten, die bei allem Theorieüberbau als historische Spezialität der Risikogesellschaft kennzeichnend sind. Die Mechanismen der Strukturänderung, die hier aufgezeigt werden, inspirieren indes zum historischen Vergleich und zur Verallgemeinerung über die Epochen hinweg.

Der Einfluss der Modernisierungstheorie

Auch wenn das Fortschrittsparadigma innerhalb der heutigen Geschichtsschreibung keine Konjunktur mehr zu haben scheint, so durchzieht doch immer noch ein kaum von diesem zu unterscheidendes Konstrukt in seiner narrativen Zielgerichtetheit viele historische Arbeiten. Hierbei handelt es sich um die Modernisierungstheorie, die eine Vielzahl von Ablegern besitzt, die Zeithistoriker, aber ebenso – wenn auch in geringerem Maße – Historiker für frühere Epochen gerne als Leitmotive ihren Darstellungen zugrunde legen. Seien es nun Geschichten, die von der Demokratisierung von Staaten, der Europäisierung, der Globalisierung und der einhergehenden Auflösung der Nationalstaaten, der Westernisierung oder Amerikanisierung von Ländern wie der Bundesrepublik Deutschland oder von der Individualisierung innerhalb der Gesellschaft bei gleichzeitiger Totalisierung der Macht der Basisinstitutionen erzählen – sie alle eint der Glaube an die Mehrung des menschlichen Wohles im – so muss man es nennen – „fortschreitenden" Verlauf der Geschichte.[22]

Mit dem Begriff der Modernisierung lässt sich die Grundüberzeugung bezeichnen, mit der Historiker, aber auch Philosophen, Soziologen und Politologen die Pro-

22 Vgl. kritisch zum Globalisierungsparadigma: *Frederick Cooper*, Was nützt der Begriff der Globalisierung? Aus der Perspektive eines Afrika-Historikers, in: Sebastian Conrad/Andreas Eckert/Ulrike Freitag (Hrsg.), Globalgeschichte. Theorien, Ansätze, Themen. Frankfurt am Main/New York 2007, 131–162; und zum Begriff der Amerikanisierung und Westernisierung: *Anselm Döring-Manteuffel*, Wie westlich sind die Deutschen? Amerikanisierung und Westernisierung im 20. Jahrhundert. Göttingen 1999.

bleme der Zukunft als prinzipiell lösbare Aufgaben auffassen. Auch wenn immer komplexere Lösungsansätze angeboten werden, selbst solche, die eine prinzipielle Unlösbarkeit der Probleme einkalkulieren, so vermitteln diese Ansätze doch stets die Überzeugung, durch diese Reflexivität eine notwendige Emendation der Erkenntniswerkzeuge und -sprache getätigt zu haben, die hoffen lässt, dass die bewusste Begegnung mit der unvorhersehbaren Zukunft keine Unmöglichkeit sein muss. Die Idee der Kontrollierbarkeit der Welt, der globalen Interaktion von Menschen sowie von Mensch und Natur, ist Kennzeichen aller Modernisierungstheorien. Auch wenn sie in einer modifizierten Modernisierungstheorie, wie jener von Ulrich Beck, im Angesicht wachsender Probleme mit Umweltzerstörung und Energieversorgung zunächst als der gesellschaftlichen Gestaltungskraft entglitten angesehen wird, so verbirgt sich dahinter doch gerade der Glaube an die prinzipielle Möglichkeit, diese Probleme zu bewältigen. Es bedarf eben nach Ansicht der Vertreter der Theorie reflexiver Modernisierung eines Paradigmen- oder Strukturwandels der Beobachtungswissenschaften, so dass diese sich den gewandelten Gegebenheiten der Gesellschaft innerhalb einer „neuen Epoche" anpassen.[23]

Wir sind eben noch „nie modern gewesen", wie Bruno Latour ein einflussreiches Buch betitelt hat.[24] Und das veranlasst heutige Modernisierungstheoretiker dazu, die Moderne, nun aber reflexiv, neu, d.h. als „Zweite Moderne" zu beginnen. Dazu muss aber gefragt werden, was eigentlich unter dem Begriff „modern" oder „der Moderne" zu verstehen ist. Ohne diese Frage ausführlich und in all ihren möglichen definitorischen Facetten und in letzter Konsequenz zu beantworten, sollen hier nur zwei Antworten gegeben werden, die aber doch die zentralen Aussagen von Moderne umfassen sollten. Zum einen kann man mit „modern" das bezeichnen, was oben kurz schon angesprochen wurde, also das, was nach Edward Shils „demokratisch, egalitär, wissenschaftlich, wirtschaftlich fortgeschritten und souverän" ist.[25] Damit

---

23 Zu solchen Neuansätzen zählen jedoch nicht nur Beck, Giddens und andere Vertreter der Theorie reflexiver Modernisierung, sondern auch solche, die wie Arjun Appadurai die massenhafte Migration und elektronische Mediation innerhalb einer Theorie der globalisierten Moderne mit einbezogen haben: *Arjun Appadurai*, Modernity at Large. Cultural Dimensions of Globalization. Minneapolis/London 1996. Vgl. auch die neueren Veröffentlichungen Ulrich Becks, die diese Aspekte der Globalisierung mit einbeziehen: *Ulrich Beck/Edgar Grande*, Das kosmopolitische Europa. Gesellschaft und Politik in der Zweiten Moderne. Frankfurt am Main 2004; *Ulrich Beck*, Weltrisikogesellschaft. Frankfurt am Main 2007.

24 Vgl. *Latour*, Versuch (wie Anm. 15), hier: 64–67.

25 Zit. n. *Nils Gilman*, Mandarins of the Future. Modernization Theory in the Cold War. Baltimore 2003,

ist auch ungefähr dem entsprochen, was auch für diejenigen als „modern" gilt, die, wie z.B. Barrington Moore, den sozialen Wandel, der innerhalb der Industrialisierung stattgefunden hat, als entscheidend für die Entstehung der heutigen Modernität ansehen.[26]

Zum anderen kann mit „Moderne" aber auch eine chronologisch abgrenzbare Epoche gemeint sein. Das so genannte historische „Projekt der Moderne" kann man wohl mit dem Aufkommen des Fortschrittsparadigmas in der Aufklärung des 18. Jahrhunderts beginnen lassen. Beendet wurde dieses Projekt offenbar in der zweiten Hälfte des 20. Jahrhunderts, als in den 1970er Jahren mit modernisierungskritischen Texte, etwa von Daniel Bell oder Jean-François Lyotard, eine intellektuelle Wende zur sogenannten Postmoderne stattfand und die handlungsrelevanten „Grenzen des Wachstums", deutlich erkennbar durch Öl- und Umweltkrise Anfang bzw. Ende der 70er Jahre, auch auf der Ebene der Sozial- und Geisteswissenschaft in immer stärkerem Maße wahrgenommen wurden.[27]

Die Modernisierungstheorie lebte nicht nur durch Impulse der Fortschrittsgläubigkeit des 18. Jahrhunderts fort, sondern erlebte mehrere Erneuerungsversuche. Gerade nachdem das erste Projekt der Moderne (nämlich die Aufklärung, die in ihrer schärfsten Ausbildung als „autoritäre Hochmoderne"[28] zu bezeichnen ist) an seinen Folgeproblemen, die sich in zwei Weltkriegen und die durch totalitäre Diktaturen

---

1. Eine andere, ähnlich kompakte Definition der „Moderne" liefern Hans van de Loos und Willem van Reijens als „Kombination von Differenzierung, Rationalisierung, Individualisierung und Domestizierung" (*Hans van de Loo / Willem van Reijen*, Modernisierung. Projekt und Paradox, München 1992, 30). Vgl. dazu auch *Rödder*, Deutungskategorien (wie Anm. 16), Ende Abschnitt IV, der die Modernisierungsideologie der fünfziger bis zu den frühen siebziger Jahren als „international dimensionierten szientistisch-technischen Rationalismus und Funktionalismus, getragen vom Glauben an die vollständige bzw. adäquate Erfaßbarkeit der Wirklichkeit durch objektivierbare Quantifizierung, an umfassende Machbarkeit, an die Steuerbarkeit und Beherrschbarkeit komplexer Entwicklungen und an die Planbarkeit der Zukunft" beschreibt und von dem das später diagnostizierte Phänomen des sozialkulturellen Wandels (bestehend aus „(1.) Individualisierung, (2.) radikaler Pluralisierung einschließlich des Verlusts eines einheitlichen, teleologischen Fortschrittsmodells und (3.) einem Werte- bzw. Normenwandel, der sich auch als Entnormativierung deuten läßt") abzugrenzen sei, obgleich Rödder die beiden Entwicklungen als sich überlagernd und in sich verschränkt bezeichnet.

26 Vgl. *Barrington Moore*, Social Origins of Dictatorship and Democracy. Lord and Peasant in the Making of the Modern World. Hammondsworth 1969.

27 Vgl. *Daniel Bell*, The Coming of Post-Industrial Society. A Venture in Social Forecasting. New York 1973; *Jean-François Lyotard*, La condition postmoderne. Rapport sur le savoir. Paris 1979.

28 *James C. Scott*, Seeing Like a State. How Certain Schemes to Improve the Human Condition Have Failed. New Haven/London 1998, 87ff.

veranstalteten Massaker zu einem bisher unvorstellbaren Maße äußerten, zerbrochen war, gab es einen neuen Ansatz der Modernisierungstheorie, diesmal nicht aus Europa, sondern aus dem siegreichen Amerika, vertreten durch politische Intellektuelle wie Walt W. Rostow, die den Glauben an eine kontrollierbare und verbesserbare Welt auch nach 1945 aufrechterhielten.[29] Man kann hier von einem zweiten Projekt der Moderne, nun innerhalb des historischen Kontexts des Kalten Krieges, sprechen, das spätestens mit dem Kollaps der Sowjetunion und der kommunistischen Ostblockstaaten an sein Ende kam. Ob sich nun der Erfolg einer weiteren Wiederauflage der Modernisierungstheorie anbahnt, ob also eine Art drittes Projekt der Moderne nach 1990 für das 21. Jahrhundert ebenso bestimmend sein wird wie die beiden ersten Versuche, ist noch schwer zu ersehen. Es scheint jedoch Skepsis gegenüber der Fortsetzung eines zwei Mal an seinen Nebenfolgen gescheiterten Projekts geboten.[30]

Doch warum sollte man andererseits vergessen, wie viele beabsichtigte und positive Folgen durch die Modernisierung in der Welt realisiert wurden? Nicht alle, aber viel mehr Menschen als früher scheinen heute in Wohlstand, Frieden und Stabilität zu leben. Der nicht nur suggestiven Kraft der Versprechungen, sondern auch den tatsächlichen Erfolgen der Modernisierer und Wachstumsbefürworter ist manchmal nur wenig entgegenzusetzen. Dass mittlerweile die Fehler der weltweiten Modernisierung, die von den westlichen Industrienationen ausging, in einem reflexiv-kritischen Prozess überdacht werden, spricht auch nicht gegen diese Überzeugungskraft. Warum sollte es nicht möglich sein, irgendwann eine Lösung der Umweltprobleme zu finden? Und warum ist Entwicklungshilfe für die dritte Welt, deren Resultat eher eine Verschlimmerung als eine Verbesserung der Zustände bedeutete und deren tragische „Nebenfolge" die katastrophale Ausweglosigkeit der dort lebenden Menschen ist, ein integraler Bestandteil der Modernisierungtheorie? Sind nicht nur ihre

29 Vgl. *Walt W. Rostow*, The Stages of Economic Growth. A Non-Communist Manifesto. Cambridge 1960; *ders.*, The Take Off into Self-sustained Growth, in: Economic Journal 66 (1956), 25–48; vgl. zu Rostow *Gilman, Mandarins* (wie Anm. 25), und *David Milne*, America's Rasputin. Walt Rostow and the Vietnam War. New York 2008.

30 Vgl. z. B. *Zygmunt Bauman*, Liquid Life. Malden, MA/Cambridge 2005, 2: „In short: liquid life is a precarious life, lived under conditions of constant uncertainty. [...] Liquid life is a succession of new beginnings – yet precisely for that reason it is the swift and painless endings, without which new beginnings would be unthinkable, that tend to be its most challenging moments and most upsetting headaches. Among the arts of liquid modern living and the skills needed to practice them, getting rid of things takes precedence over their acquisition."

mangelnde Ausdifferenzierung und ihr geringes Ausmaß an wahrhaft „moderner" Realisierung die eigentlichen Gründe für ihr anscheinendes Scheitern?

Die legitimatorische Kritik an der Ausführung eines ursprünglich als „gut" erdachten Vorhabens ist jedoch der Versuch, die Grundintentionen der Modernisierungstheorie zu schützen. Denn ihr Vorteil ist es gerade, Konsequenzen des durch sie begründeten Handelns *im Nachhinein* als beabsichtigte Folgen bzw. unbeabsichtigte Nebenfolgen deklarieren zu können. Wer mag den Entscheidern in der Entwicklungshilfepolitik „böse" oder „schlechte" Absichten unterstellen, nachdem diese gutgeheißen hätten, dass ihre Handlungen und Maßnahmen nicht die beabsichtigten Verbesserung, sondern unabsichtliche Verschlechterung zur Folge hatten? Zu solchen Unterstellungen kommt es jedoch erstaunlich selten, da der zweite Vorteil der Modernisierungstheorie zu ihrem Selbstschutz der ist, keine Handlungsverantwortlichkeit auf einzelne Akteure abwälzen zu müssen. Vielmehr werden negative Nebenfolgen als „unbeabsichtigt", also von niemandem gewollt bezeichnet. Denn immer nur die erst *ex post* deutlich wahrnehmbare Folge mit positiven Wirkungen, war auch die beabsichtigte Folge.

In dieser Hinsicht ist die Modernisierungstheorie in erster Linie selbstapologetisch. Alles, was als negative Folge der Modernisierung erscheint, wird als unbeabsichtigt bezeichnet. Doch muss es als Grundfehler der Modernisierungstheorie angesehen werden, dass sie gerade bei der Aufarbeitung ihres Scheiterns versagt, wenn sie nicht für *jegliche* Konsequenz des durch ihre Zielsetzung legitimierten Handelns Verantwortung übernehmen kann. Denn warum sollte man eben nicht auch „böse" Absichten unterstellen dürfen, dass, um zum Beispiel zurückzukehren, die Politik der Entwicklungshilfe nur dazu da war, der krassen Ungerechtigkeit der Wohlstandsverteilung in der Welt eine Legitimation zukommen zu lassen? Und darf man nicht auch daran zweifeln, dass berechtigte Bedenken an der Sicherheit der Energieerzeugung mit Atomreaktoren bei der Entscheidung, diese zu einem Hauptträger der Energieversorgung aufzubauen, nicht bekannt oder in der Risikoeinschätzung keinen Einfluss hatten? Und wieso, könnte man schließlich fragen, werden die von Menschen zu tragenden Lasten der jahrzehntelang betriebenen Umweltzerstörung als unbeabsichtigt angesehen, sozusagen als geradezu unerwartete Resultate, mit denen man nicht gerechnet hat?

Es scheint nun vielmehr so zu sein, dass innerhalb der Modernisierungstheorie und gerade auch von ihren handelnden Vertretern Risiken und Nebenfolgen bewusst in Kauf genommen werden. Nebenfolgen scheinen in Entscheidungen oft als akzeptable Kollateralschäden angesehen zu werden, die bei der Verwirklichung von Entwicklung und Zielen vorfallen, und zwar nicht in naiver Unbewusstheit, sondern innerhalb eines Nebenfolgenkalküls, das vorgibt, höheren Zielen zu folgen, wie z. B. dem der Vermehrung des Wohls aller Menschen. Die Gefahren, die wir üblicherweise von den Auswirkungen ideologisch geprägter Regimes kennen, deren theoretischer Überbau den Wirklichkeiten seinen Stempel aufdrücken will, gehen ebenso eindeutig auch von modernisierungstheoretischen Planungsbürokratien aus. Dass diese Gefahren nicht durch Justierungen oder Modifikationen der Modernisierungstheorie (indem man beispielsweise das Augenmerk mehr auf die Unbeabsichtigkeit der Nebenfolgen richtet) vermeidbar sind, liegt daran, dass die Modernisierungstheorie gar nicht das selbstkritische Potential besitzt, sich als absolutes Welterklärungsmodell in Frage zu stellen. Das war die vernichtende Kritik der so genannten postmodernen Autoren, die die Glaubensbasis der Modernisierungstheorie prinzipiell hinterfragten. Hier endete die Überzeugung, die Welt in der Zukunft nach einem Willen kontrollieren und gestalten zu können und damit das Kernelement der Rechtfertigungsnarrative der Vertreter der Modernisierungstheorie.

Doch ist dieses Abgleiten in die Unsicherheit in vielerlei Hinsicht heilsamer und der Bestimmtheit eines sich absolut setzenden theoretischen Lösungsangebots vorzuziehen. Die Unsicherheit hat nämlich eine prinzipielle Offenheit auch gegenüber anderen Theorien zur Folge, die im Verein und in bestimmten Problemsituationen Anwendung finden können. Diese Offenheit führt vielleicht – und das mag in gewisser Weise paradox klingen – zu besseren Lösungen der Gegenwarts- und Zukunftsprobleme, als es einer reflexiv erweiterten Modernisierungstheorie möglich ist.

Die Offenheit bedeutet aber auch, den Angeboten der Modernisierungstheorien weiterhin Interesse entgegenzubringen. Dass Nebenfolgen nicht immer unbeabsichtigt sein müssen, wurde oben schon festgestellt. Darüber hinaus bieten aber auch die in Kauf genommenen Nebenfolgen für die Geschichtswissenschaft ein heuristisches Modell, mit denen historischer Wandel darstellbar ist. Denn es ist nun mal nur auf den ersten Blick so, dass Nebenfolgen in der Geschichte überraschend auftreten. Wenn innerhalb eines Krisendiskurses das Auftreten subversiver und aushöhlender Folgeprobleme problematisiert wird, dann heißt das nicht, dass deren Zutagetreten nicht vorhergesehen wurde. Wie in den folgenden historischen Fällen von Epochenbrüchen gezeigt wird, so offenbart der grobe Blick auf den Diskurs einer Krise, dass es oft Nebenfolgen sind, die für die Krise verantwortlich gemacht werden. Es wird kritisiert, dass sich durch langsame Bewegungen innerhalb eines Diskurses, die teils mit bestimmten Akteuren assoziiert werden, ein Widerspruch innerhalb des eigenen kollektiv-gesellschaftlichen Selbstverständnis einer Epoche gebildet hat, der nicht in der Absicht dieses Selbstverständnisses liegt. Aus der Perspektive eines Krisendiskurses also erscheinen Folgeprobleme bzw. Nebenfolgen unbeabsichtigt oder werden ursächlich der Absicht eines, meistens minoritären und daher relativ einflusslosen Gegendiskurses zugesprochen. Irritierend wirkt dabei stets, dass die Probleme nicht nur unbeabsichtigt waren und außerhalb des Mainstreams eine Heimat im „Untergrund" finden, sondern dass sie auch dem Hauptdiskurs inhärent zu sein und in letzter Konsequenz in ihm schon ursprünglich angelegt scheinen.

Und so muss man den Blick durch die Nebenfolgen-Brille schärfen und auf die Übergänge von den Hauptdiskursen auf ihre Nebendiskurse fokussieren. Denn die Nebenfolgen werden in den Umbruchphasen, in denen sich die Struktur und die Zielsetzungen der Basisinstitutionen und -werte grundsätzlich ändern und in denen neue Gesellschaftsmodelle und ein neues Selbstverständnis heranwachsen, durchaus auch von manchen „Gründervätern" reflektiert. Ein modellhaftes Beispiel sind Benjamin Rushs Ausführungen zur Unvereinbarkeit von Freiheit und Sklaverei im Vorfeld der Unterzeichnung der Amerikanischen Unabhängigkeitserklärung, in denen es heißt: „The plant of liberty is of so tender a Nature, that it cannot thrive long in the neighbourhood of slavery."[31] Aus diesen Worten spricht die Erwartung, dass die beabsichtigten Ziele gerade wegen der einhergehenden unbeabsichtigten, aber weiter in Kauf genommenen Nebenfolgen nicht erreicht werden können.

Und Revolutionsvorbereiter wie Rousseau, über den noch näher zu sprechen sein wird, oder die Unterzeichner der amerikanischen Unabhängigkeitserklärung sehen in ihren Utopien und Staatsgründungen weniger das perfekte System, das es zu realisieren gilt, sondern reflektieren in erster Linie über die möglichen Risiken, die solche Entwürfe in sich bergen können. Gerade die Herausforderung, eine neue konkrete Einheit zu schaffen, provoziert die Frage nach den zerstörerischen Kräften, die diese Einheit aus sich selbst heraus wieder zerreißen können. Manche Revolutionsführer und deren Vorbereiter nehmen oft solche einheitszersetzenden Risiken in

31 *Benjamin Rush* [erschienen unter dem Pseudonym: A Pennsylvanian], An Adress to the Inhabitants of the British Settlements in America Upon Slave-Keeping (Philadelphia 1773), in: Charles S. Hyneman/Donald Lutz (Hrsg.), American Political Writing During the Foundation Era: 1760–1805. Indianapolis 1983, Bd. 1; vgl. dazu *David Brion Davis*, The Problem of Slavery in the Age of Revolution. Oxford/New York 1999, 283 f.; *Susan Buck-Morss*, Hegel, Haiti, and Universal History. Pittsburgh 2009, 35.

Kauf. Teils, um – so im Falle der Gründung der Vereinigten Staaten von Amerika – den Umbruch schneller vorantreiben zu können, teils, um – so im Falle von diktatorischen Machtergreifungen wie der jakobinischen Terrorherrschaft – Allmachtsgelüste oder metaphysische Ziele verwirklichen zu können, wird die Behandlung eines Folgeproblems postponiert oder gar ganz ignoriert. Im Falle der Amerikanischen Revolution und Unabhängigkeitserklärung war dieses im Vorhinein geahndete Folgeproblem die bewusste Aufschiebung der Sklavenfrage, die im Laufe der Geschichte mit den Kosten eines Bürgerkrieges bezahlt werden musste.[32] In der

32 Der nachträglich gestrichene Passus zur Abschaffung der Sklaverei, wie er in Thomas Jeffersons Entwurf der Unabhängigkeitserklärung vorläufig Eingang fand, lautet: „[King George III.] has waged cruel war against human nature itself, violating it's most sacred rights of life & liberty in the persons of a distant people who never offended him, captivating & carrying them into slavery in another hemisphere, or to incur miserable death in their transportation thither. this piratical warfare, the opprobrium of *infidel* powers, is the warfare of the CHRISTIAN king of Great Britain. determined to keep open a market where MEN should be bought & sold, he has prostituted his negative for suppressing every legislative attempt to prohibit or to restrain this execrable commerce: and that this assemblage of horrors might want no fact of distinguished die, he is now exciting those very people to rise in arms among us, and to purchase that liberty of which *he* has deprived them, by murdering the people upon whom *he* also obtruded them; thus paying off former crimes committed against the *liberties* of one people, with crimes which he urges them to commit against the *lives* of another.“ (The Papers of Thomas Jefferson, Bd. 1: 1760–1776, hrsg. v. Julian P. Boyd. Princeton 1950, 426); vgl. dazu *Buck-Morss*, Hegel (wie Anm. 31), 35: „[...] the new nation, conceived in liberty, tolerated the ‚monstrous inconsistency‘, writing slavery in the United States Constitution.“ Der Sklavenhalter Jefferson fürchtete 1781 selbst, dass die Nebenfolgen der Sklaverei (hier in der Form der Rache Gottes und der Allegorie der Fortuna im Geschichtsverlauf) eines Tages mit schrecklichen Auswirkungen auf das Schicksal der Nation zurückfallen werden: „I tremble for my country when I reflect that God is just; that his justice *cannot sleep forever*, that considering numbers, nature and natural means only, a revolution of the wheel of fortune, *an exchange of situation* is among possible events; that it way become probable by supernatural interference! The Allmighty has no attribute which can take side with us in such a contest.“ (*Thomas Jefferson*, Notes on the State of Virginia. New York 1964, 156, zit. n. *Davis*, Problem (wie Anm. 27), 12, Hervorhebung B.S.). Fast hundert Jahre später verweist Abraham Lincoln in seiner zweiten Inaugurationsrede (1865) indirekt auf Jeffersons prophetische Befürchtungen, wenn er vom Bürgerkrieg als Strafe Gottes für die Sklaverei in Amerika spricht: „The Almighty has his own purposes. ‚Woe unto the world because of offences! for it must needs be that offences come; but woe to that man by whom the offence cometh!‘ If we shall suppose that American Slavery is one of those offences which, in the providence of God, must needs come, but which, having continued through His appointed time, He now wills to remove, and that He gives to both North and South, this terrible war, as the woe due to those by whom the offence came, shall we discern therein any departure from those divine attributes which the believers in a Living God always ascribe to Him?“ (The Collected Works of Abraham Lincoln, hrsg. v. Roy P. Basler. New Brunswick 1953, VIII, 333); vgl. dazu *Davis*, Problem (wie Anm. 27), Preface to the New Edition, 9–13; auch *Jürgen Osterhammel*, Die Verwandlung der Welt. Eine Geschichte des 19. Jahrhunderts. München 2009, 786, schreibt: „Am Beginn des Bürgerkriegs standen ungelöste Folgeprobleme der Revolutionszeit. Nur weil die

Französischen Revolution war es das ungelöste Verhältnis zur Gewalt, das ignoriert wurde und seine unangenehme Nebenfolge in der Terrorherrschaft fand, die ein Verantwortungsethiker wie Maximilien de Robespierre bewusst für die Erfüllung der letztgültigen Ziele der Revolution in Kauf nahm.[33]

Der Blick auf die Nebenfolgen muss also immer in zwei Richtungen gerichtet werden: einmal zu den so genannten Anfängen, den Gründungsmomenten einer Epoche, die ihr das ideale Gesicht, sein symbolisches Selbstverständnis verleihen; dort werden die Absichten des neuen Gesellschaftsmodells formuliert und die möglichen Nebenfolgen reflektiert, auf ihr Risikopotential hin eingeschätzt und wenn möglich abgeschwächt; dort einigt man sich auf die Basiswerte und schafft die Basisinstitutionen, die durch ihre Konkretheit ein Einheitsgefühl stiften. Der andere Blick dagegen muss dem Ende einer solchen selbstdefinierten Epoche gelten; hier werden die Sicherheiten der ursprünglichen Absichten durch die, nun als unbeabsichtigt wahrgenommenen Nebenfolgen untergraben, hier fällt das Einheitsgefühl in sich zusammen, hier formieren sich die Nebendiskurse zu neuen Gründungsmomenten, die gleichzeitig mit dem Ende einen neuen Anfang einläuten.

Wenn man die Nebenfolgen als ein diskursabhängiges historisches Phänomen auffasst, dann macht sich ihr heuristischer Nutzen in mehrfacher Hinsicht bemerkbar. Das wichtigste Resultat der Anwendung dieses Begriffs ist, dass man weiterhin am Epochenbegriff festhalten sollte. Da das Epochenverständnis auf jeden Fall vom diskursiven Selbstverständnis abhängig ist, kann man Nebenfolgen als ein diskursimmanentes Phänomen auffassen, deren Wirkung immer dann zutage tritt, wenn

Gründerväter es versäumt hatten, die Frage der Sklaverei eindeutig zu klären, war es möglich, dass noch in den späten 1850er Jahren ernsthaft die Wiederaufnahme des 1807 verbotenen Sklavenhandels aus Afrika gefordert werden konnte und dass ein besonnener Politiker wie Abraham Lincoln zu der Überzeugung gelangte, der Süden beabsichtige die Erzwingung der Sklaverei in den freien Staaten des Nordens. So war der Bürgerkrieg in gewissem Sinne der letzte Ausläufer der Revolution."

33 Die ambivalente Haltung zur Gewalt in der Französischen Revolution wird immer wieder deutlich; beispielhaft für diese ist Maximilien Robespierres Rede über die Interdependenz von Tugend und Terror: „Si le ressort du gouvernement populaire dans la paix est la vertu, le ressort du gouvernement populaire en révolution est à la fois la vertu et la terreur: la vertu, sans laquelle la terreur est funeste; la terreur, sans laquelle la vertu est impuissante. La terreur n'est autre chose que la justice prompte, sévère, inflexible; elle est donc une émanation de la vertu; elle est moins un principe particulier, qu'une conséquence du principe général de la démocratie, appliqué aux plus pressants besoins de la patrie." (Discours vor dem Nationalkonvent „sur les principes de morale politique qui doivent guider la Convention nationale dans l'administration intérieure de la République" am 5. Februar 1794, in: Œuvres complètes de Maximilien Robespierre, 10 Bde. Paris 1967, X, 357).

das gesellschaftliche Bewusstsein auf die konkreten Folgeprobleme aufmerksam wird. Dann werden die anfangs schon geahnten und potentiellen, aber in Kauf genommenen Folgeprobleme wirklich, indem sie nicht mehr nur von wenigen Gründervätern, sondern innerhalb des Hauptdiskurses wahrgenommen werden. Dieser Niederschlag der Nebenfolgen innerhalb des Selbstverständnisses einer Gesellschaft und innerhalb einer Epoche erklärt, warum dann ein ganzer gesellschaftlicher Wandel von wenigen Handlungsakteuren durch eine Revolution ausgelöst und sogar durchgeführt werden kann.

Weiterhin kann die Verfeinerung bisheriger Sichtweisen die Ambivalenz von Epochenneuentstehungen klarer formulieren und verdeutlichen. Eine „Dialektik", wie sie beispielsweise von Theodor W. Adorno und Max Horkheimer für die Aufklärung geltend gemacht wird, kann so in beinahe jeder Epochenkonstitution vorhanden sein[34] – jedoch nur dann, wenn legitimerweise ein Epochenselbstverständnis auszumachen ist, das sich in einer gewissen kollektiv geltenden selbst formulierten Absichtserklärung und in der Erwartung bestimmter Folgen und Nebenfolgen (sowohl beabsichtigter, unbeabsichtigter als auch zögernd, aber bewusst in Kauf genommener) ausdrückt. Nur wenn die Bedingungen einer innerhalb eines Raum- und Zeitrahmens als Einheit wahrgenommenen Gesellschaft erfüllt sind, macht es überhaupt Sinn von Epochen, bewussten Folgen und unbewussten Nebenfolgen zu sprechen. In vielen Fällen, z.B. bei schriftlosen Gesellschaften, ist das schwierig bzw. unmöglich zu zeigen. Dort jedoch, wo wir über Selbstaussagen und -zeugnisse verfügen, kann man den Versuch machen, durch den heuristischen Hebel des Nebenfolgebegriffs die Kontinuität innerhalb einer Epoche und die Diskontinuität der Epochenbrüche als diskurshistorisches Phänomen zu bestätigen.

In den folgenden Kapiteln werden vier historische Fallbeispiele untersucht, bei denen nicht nur bestimmte Absichtserklärungen einen bedeutenden Wandel herbeiführen sollten, sondern auch solche Nebenfolgen wirksam wurden, die den Umbruch durch Unterwanderung einer bestehenden Ordnung erst ermöglicht haben. Die Betrachtung einzelner Exempel verfolgt den Gang der Nebenfolgen aber auch über die Umbrüche hinaus weiter und zeigt wie jede Neuformierung einer Ordnung auch wieder potentielle Nebenfolgen gebiert. Eine Verallgemeinerung der Phänomene auf den gesamten Geschichtsverlauf wird indes nicht angestrebt. Doch wird

34 Vgl. *Theodor W. Adorno/Max Horkheimer*, „Dialektik der Aufklärung" und Schriften 1940–1950, ungekürzte Ausgabe. Frankfurt am Main 1987.

anhand der vier Fälle gezeigt, dass ein Mechanismus des von Nebenfolgen begleiteten Geschichtsverlaufs, der gerade in Gegenwartsbetrachtungen dazu tendiert, als einzigartig oder als historisch einmalig wahrgenommen zu werden, ein immer wiederkehrendes Strukturelement der Historiographie darstellt, dem bislang nur in der Soziologie der reflexiven Modernisierung gebührende Aufmerksamkeit entgegengebracht worden ist.

Die Reihenfolge der Beispielbetrachtung erfolgt chronologisch umgekehrt und stellt an den Beginn die sogenannte „Krisis" des Historismus, die sich im 19. Jahrhundert ausgehend von den Basisideen des Deutschen Idealismus über die romantische Bewegung als philosophische Aporie herausgebildet hatte und als solche seit den 1890er Jahren, um die Jahrhundertwende bis zum Ausbruch des Ersten Weltkriegs einen Krisendiskurs um Individualisierung, Kosmopolitisierung und Objektivität in den Wissenschaften begründete. Im Zentrum steht die Genese einer Idee des Individuums, die als Leitmotiv einer Debatte fungierte, in der die Nebenfolgen einer vermeidlichen Absichtserklärung zu Beginn des Jahrhunderts das Thema bildeten und in der einige Autoren, wie Friedrich Nietzsche, Rudolf Eucken, Heinrich Rickert oder Ernst Troeltsch, Versuche zur Überwindung dieser selbstverursachten Krise entwickeln.

Der Epochenbruch um 1800 bildet sodann in der zweiten Betrachtung den Endpunkt einer Nebenfolgenentwicklung, die Reinhart Koselleck zufolge in der Struktur des absolutistischen Herrschafts- und Gesellschaftssystems der Frühen Neuzeit angelegt war. Die durch Religionsstreitigkeiten hervorgerufene Krise des europäischen Bürgerkriegs im 16. und 17. Jahrhundert habe eine Lösung erfordert, die im Sinne der politischen Theorie Thomas Hobbes' Moral und Politik als zwei autonome Ordnungen entkoppelte. Dadurch öffneten sich aber Tore für Nebenfolgen, die hier in Form moralischer Kritik an der Politik durch subversive Kräfte das frühneuzeitliche ständische Herrschaftsgefüge unterminierten und zur Krise, d.h. zur Revolution gegen das Ancien Régime führten. Auch hier offenbarten sich die Nebenfolgen von „Kritik und Krise" über den Epochenbruch hinaus und während der Herausbildung der revolutionären Herrschaft als weiterhin sehr wirksam, sodass sie zu einer dauerhaften Krise der neuen Ordnung führten, die systematisch an ihren eigenen Nebenfolgen zugrunde ging.

Ein fokussierter Blick auf die Ereignisse, die kurz nach dem Epochenjahr 1517, nach der Veröffentlichung der Luther'schen Thesen gegen den Ablass während der 1520er Jahre folgten, soll eine Nebenfolge untersuchen, die sich im Zusammenspiel von religiösem und politischem Protest auswirkte. Hier wird der Frage nachgegangen, wie es dem Reformator Martin Luther gelingen konnte, die römische Kirche als die fest etablierte geistliche Autorität der mittelalterlichen Welt in einem Maße anzugreifen, dass diese in ihren Grundfesten aufgerüttelt und in eine Legitimitätskrise sondergleichen geriet, und zur gleichen Zeit den sozialen Protest der Bauern gegen die weltliche Obrigkeit, der die Reformation in ihren Anfängen unterstützend begleitete, in scharfer Form als unbeabsichtigte Nebenfolge seiner Thesen zurückzuweisen. Hier wird auch der Versuch unternommen, das Bewusstsein der Zeitgenossen für Nebenfolgen nicht nur als historischen Strukturmechanismus zu erklären, sondern auch die individual-psychologische Motivation eines Akteurs als Grundlage für Nebenfolgenbewusstsein zu deuten, der seine persönlichen Konflikte, wie sie der junge Mönch Luther mit sich, seinem Vater, dem Papst, Gott und dem Teufel ausfocht, auf ein Niveau zu übertragen in der Lage ist, auf dem sie welthistorische Bedeutung bekommen.

Abschließend wird im Kapitel über die Entstehung und Krise der athenischen Demokratie wieder zur rein politischen Geschichte einer Nebenfolgendynamik zurückgekehrt. Das Motiv der Tragödie, so wie es Christian Meier in seine Darstellung der Athener Geschichte des 5. Jahrhunderts eingebunden hat, symbolisiert die Dynamik der Nebenfolgen wie sie im Wandel von einer alten, aristokratischen in eine neue, demokratische Ordnung in Athen wirksam wurde und auch als solche von Gegenwartsdiagnostikern des politischen Denkens wie Aischylos bewusst wahrgenommen und in dramatische Form übersetzt wurde. Über die Gründung der Demokratie als Nebenfolge wirken sich aber im 5. Jahrhundert weitere Nebenfolgen gegen die Stabilität der neuen Verfassungsform aus und führen zu einer Krise und zu einem Krieg, dessen Verlust Athen an den Rand seines Untergangs bringt. In dieser letzten Episode wird gezeigt, wie trotz eines überwältigenden Nebenfolgendrucks, eine gegen die zerstörerische Kraft der Nebenfolgen gerichtete und nachhaltige Reform die Krise überwinden konnte.

Ironie der Nebenfolge

Die "Krisis" des Historismus um 1900

Dass die gegenwartsdiagnostische Wahrnehmung zunehmender Individualisierung nicht auf die Epoche der zweiten Moderne beschränkt ist, sondern auch auf die Zeit des Zusammenbruchs der „Welt des 19. Jahrhunderts" zutrifft, ist keine neue Erkenntnis.[35] Die binäre Unterscheidung zwischen dem einzelnen Individuum und dem seinem Entfaltungsdrang entgegenstehenden gesellschaftlichen Kollektivzwang ist eine grundsätzliche Prämisse für soziologische und historiographische Erkenntnis. Doch trotz der scheinbaren überhistorischen Allgültigkeit dieser anthropologischen Konstante scheint die Gewichtung der einen oder anderen Seite bestimmten Fluktuationen und Konjunkturen unterworfen zu sein. Sowohl auf der Beschreib- als auch der Objektebene stellen Historiker und Zeitgenossen in manchen Zeiträumen eine besondere Tendenz zur Individualisierung oder zur Kollektivierung bzw. Totalisierung fest. Es gibt offenbar historische Epochen, in denen das Individuum eine größere Rolle spielt, ja in denen die Idee des Individuums neu entsteht bzw. erfunden oder geboren wird, wie das beispielsweise Jacob Burckhardt für die Kultur der Renaissance in Italien behauptet. Auf der anderen Seite wird im Umkehrschluss angenommen, dass sich in anderen Epochen die Waagschale mehr zugunsten kollektiver Gemeinschaftsinteressen neigt. So wird in den Abgrenzungsversuchen der Neuzeit, wie sie von Historikern wie Burckhardt, Johan Huizinga oder auch Philosophen wie Hans Blumenberg unternommen werden, behauptet, dass sich die Neuzeit gerade in der Abwendung vom kollektivistisch-theologischen Weltbild des Mittelalters als eine kritisch-individualistische Epoche legitimiert habe.

Die Frage, ob nun diese binäre Trennung zwischen Individuum und Kollektiv und die jeweilige Zuschreibung auf bestimmte Epochen für den historischen Soziologen heuristisch sinnvoll ist, oder ob es sich nicht vielmehr um hybride Zustände

35 Vgl. z.B. *Beck*, Risikogesellschaft (wie Anm. 6), 115; zur Krise des 19. Jahrhunderts vgl. *Karl Polanyi*, The Great Transformation. Politische und ökonomische Ursprünge von Gesellschaften und Wirtschaftssystemen. Frankfurt am Main 1977, hier 19, der die Krise in diesem Buch auf die einer verselbstständigten kapitalistischen Ökonomie inhärenten Nebenfolgen zurückführt.

DOI 10.1515/9783110405019.41

handelt, in denen v.a. die Interdependenz des Individuums und des Kollektivs sowohl von Zeitgenossen als auch *ex post* von Historikern erkannt wird, soll hier nicht beantwortet werden. Aus bestimmten Blickwinkeln reicht schon jegliche Form eines Ego-Dokuments als Indiz aus, eine zunehmende Individualisierung anzunehmen. Und die Abwesenheit solcher Quellen gilt ebenso als Anlass zur Behauptung des Gegenteils. So gesehen kann man ohnehin geneigt sein, die Gleichzeitigkeit einer Individualisierung und Kollektivierung für alle Epochen zumindestens *prima facie* anzunehmen. Interessanter erscheint hier jedoch, inwiefern am Beispiel der zeitdiagnostischen Wahrnehmung von Individualisierung in einem bestimmten Zeitraum die Wirkung von Nebenfolgen im Zusammenhang mit einem fundamentalen historischen Wandel zu sehen ist.

Die Frage soll demnach nicht lauten, ob und wie ein Prozess der Individualisierung in der Zeit um 1900, speziell im intellektuellen und akademischen Milieu des deutschen Kaiserreichs, stattgefunden hat. Die Fragen, die sich auf dieser Ebene demnach stellen, lauten: Welche Grundintentionen herrschen hinsichtlich des Individuums und der Gesellschaft in der Debatte in Deutschland um 1900 vor? Wie und bis zu welchem Maße beherrschen Vorstellungen von Individuum und Kollektiv die Absichten der Intellektuellen in Bezug auf die wissenschaftliche Methode und auf den lebensweltlichen Gestaltungswillen? Inwiefern begründen und verursachen gerade diese Grundintentionen in Bezug auf Wissenschaft und Lebenswelt eine geistige Krise, die sich in ersten Zeichen und ersten Zeitdiagnosen um 1870 ankündigt und schließlich mit dem Ausbruch des Ersten Weltkriegs 1914 ihren katastrophischen Ausdruck findet? Welche Lösungsversuche der Krise bewirken genau ihr Gegenteil, die nicht den *status quo ante* wiederherstellen, sondern das Fortschreiten zum Besseren im Sinne der ursprünglichen Absichten verhindern? Im Folgenden wird also ein reflexives Bewusstsein für selbstinduzierte Gründe der Krise angenommen, das in gewisser Weise doch „als Neuerung in die Speichen der Neuerung“ eingreift.[36]

Es erscheint charakteristisch für die Zeit des ausgehenden 19. Jahrhunderts, wie wichtig Fragen der Individualität, Einzigartigkeit also, insbesondere im Zusammenhang mit erkenntnistheoretischen Problemen in den Wissenschaften genommen werden. Gerade hier fragt man nach allgemeinen Gesetzmäßigkeiten, denen einzelne Fälle zu entsprechen haben, was jedoch nicht immer der Fall ist. Es werden sys-

---

36 Womit gerade das Bewusstsein angenommen wird, welches Ulrich Beck historischen Gegenwartsdiagnostikern wie z.B. Max Weber abspricht; vgl. *Beck*, Risikogesellschaft (wie Anm. 6), 135.

teminhärente Widersprüche und Aporien aufgezeigt, die sich aus diesen sich gegenüberstehenden, häufig gegenseitig ausschließenden Erkenntniszielen ergeben. Ihre von verschiedenen Richtungen vorgenommene Diagnose stellt in ihrer Gesamtheit einen Diskurs dar, der in der zeitgenössischen Wahrnehmung als Phänomen einer tief wurzelnden geistigen Krise gilt. Die Vorschläge nach Auswegen aus der Krise, auf die im Folgenden *en passant* rekurriert wird, lassen sich in jene unterteilen, die an die Selbstheilungskräfte des Krisendiskurses glauben und eine Lösung des Widerspruchs aus den vereinten argumentativen Mitteln beider Seiten entwickeln, und jene, die, wie beispielsweise Nietzsche, eine reflexiv-ironische Gesamtrevision der Grundkategorien des modernen Denkens fordern. Die These lautet hier, dass Erstere zwar das Bewusstsein für die krisenverursachenden Nebenfolgen eines Absichtsdiskurses erkannt, aber nicht wie Letztere die untergrabende Wirkung derselben problematisiert haben.

Für den ideengeschichtlichen Anfang des Individualisierungsdiskurses sei hier Johann Gottlieb Fichtes Philosophie des „Ichs“ genannt. Eine Wahl, die auch auf andere Vertreter des Deutschen Idealismus hätte fallen können, doch spielt Fichte für die nachfolgenden Debatten um den Ich-Begriff eine hervorgehobene Rolle als Autorität. Denn gerade bei diesem nimmt die Frage nach dem einzigartigen „Ich“ im Verhältnis zu dem vernunftabhängigen „Wir“ eine zentrale Stellung ein. Dem Entfaltungsbedürfnis des Ichs, das hier gleichsam als ein Faktum der naturbedingten Individualität zu verstehen ist, wird das Gebot der Vernunft entgegengestellt. Schon bei Fichte wird die zutagetretende Ambivalenz eines grenzenlos freien Individuums problematisiert und auf die Nebenfolge eines prekären Selbstverständnisses des Ichs verwiesen, das sich folgendermaßen legitimiert: „Wer bin ich denn eigentlich, d.i. was für ein Individuum? Und welches ist der Grund, dass ich *der* bin? Ich antworte: ich bin von dem Augenblicke an, da ich zum Bewusstseyn gekommen, *derjenige, zu welchem ich mich mit Freiheit mache, und bin es darum, weil ich mich dazu mache.*“[37] Doch es lässt sich nach Fichte ebenso genauso streng *a priori* erweisen, „dass ein vernünftiges Wesen nicht im isolirten Zustande vernünftig wird, sondern dass wenigstens *Ein* Individuum ausser ihm angenommen werden muss, welches dasselbe zur Freiheit erhebe.“[38] Deshalb muss der individuelle Drang nach freier Selbstentfaltung be-

37 *Johann Gottlieb Fichte*, System der Sittenlehre, §18, III, in: ders., Werke, hrsg. von Immanuel Hermann Fichte. Berlin 1845, IV, 222.

38 Ebd., 221.

schränkt bleiben. Schroffer ausgedrückt: Fichte empfindet gerade diesen Drang als triebhafte Gebärde des naturhaften Wesens, die den moralischen Geboten der Vernunft nicht entsprechen kann. „Wo meine moralische Macht Widerstand findet", so zitiert er Schelling emphatisch, „kann nicht *Natur* seyn. Schaudernd stehe ich stille. Hier ist *Menschheit!* ruft es mir entgegen; ich *darf* nicht weiter."[39]

Diese apriorische Gleichzeitigkeit des Ichs und des Wirs, dem Fichte an anderer Stelle eindeutig Vorrang gewährt („Es kommt überhaupt der Welt gar nichts darauf an und macht gar keine Begebenheit in der Zeit, was der einzelne denkt oder nicht denkt; sondern *Wir*, als eine in den Begriff verlorene, und mit der absoluten Vergessenheit unserer individuellen Personen zur Einheit des Denkens verflossene Gemeine"[40]), präfiguriert in gewisser Weise die Grundzüge der Problemlage, aus der sich die geistige Krise Ende des 19. Jahrhunderts ausbildete. Den Intentionen einer bürgerlichen Gesellschaft, nämlich die Entwicklung und „Befreiung" des Individuums, stellt Fichte eine sittengesetzliche Gegenmacht entgegen, die als „letzten Zweck aller Gesellschaft" die *„völlige Gleichheit aller ihrer Mitglieder"* fordert.[41]

Doch vermochte man mit dieser Einschränkung des triebhaften Drangs der Natur zur Selbstentfaltung durch die Gebote einer vernünftigen Moral des Problems nicht Herr zu werden. „Völlige Gleichheit" aller Menschen sollte im Angesicht des „Geheimnisses der Individualität" (Wilhelm von Humboldt) eine unerfüllte Forderung bleiben. Die Kraft des Faktum des Individuellen wurde nicht abgeschwächt. Vielmehr blieb darüber hinaus auch noch der Wert des subjektiven Standpunktes gegenüber den objektiven und allgültigen Geboten der Vernunft weiterhin bestehen, wie z. B. Goethe in einem Brief an Schiller hervorhob: „Ich mag mich stellen, wie ich will, so sehe ich in vielen berühmten Axiomen nur die Aussprüche einer Individualität."[42] Und Novalis bekräftigt die arbiträre Natur eines tief empfundenen Selbstbewusstseins als Individuum im Verhältnis zu den Repräsentanten des Kollektivs:

> „In allen relativen Verhältnissen ist das Individuum einmal für allemal der Willkür ausgesetzt – und wenn ich in eine Wüste ginge – ist da nicht mein wesentliches Interesse der Willkür meiner Individualität noch ausgesetzt? Das Individuum, als solches, steht seiner Natur nach unter dem *Zufall.* In der

---

39 Ebd., 225.

40 *Johann Gottlieb Fichte*, Grundzüge des gegenwärtigen Zeitalters, 17. Vorlesung, in: ders., Werke, hrsg. von Immanuel Hermann Fichte. Berlin 1946, VII, 239.

41 *Johann Gottlieb Fichte*, Einige Vorlesungen über die Bestimmung des Gelehrten. Jena/Leipzig 1794, 53.

42 *Johann Wolfgang Goethe* an Friedrich von Schiller, Brief vom 5.5.1789.

vollkommenen Demokratie steh ich unter sehr vielen, in repräsentativer Demokratie unter Wenigen, in der Monarchie unter Einem willkürlichen Schicksal."[43]

Was die Frage nach dem Individuum für eine Reihe von Gelehrten so wichtig macht, ist die Rolle, die die Vorstellung eines subjektiven Erfahrungswissens des Einzelnen gegenüber dem objektiven und nomothetischen Vernunftwissen spielen soll. Man kann hier von einer Nebenfolge der Befreiung des Individuums während des 18. und 19. Jahrhunderts sprechen, das sich – endlich seiner selbst bewusst – in einer Welt wiederfindet, die sein Geheimnis und seinen Zauber verloren hat und in der das freie Individuum keinen Platz mehr findet. Dieser Verlust des Zugehörigkeitsgefühls des Individuums in einer entzauberten Welt ist aber tatsächlich selbstinduziert, wie das Fichte in seiner Vision einer Weltgesellschaft aus lauter gleichen Individuen zum Ausdruck brachte: keine Individualität ohne eine vernunftgeleitete Wir-Gemeinschaft. Und die Probleme eines solchen Paradoxons drückten sich in der Schieflage aus, die sich im Verhältnis der sogenannten Lebenswelt mit der Wissenschaft zeigte.

Diese Schieflage wurde am prominentesten in Friedrich Nietzsches zweiter „Unzeitgemäßer [„unzeitgemäss – das heisst gegen die Zeit und dadurch auf die Zeit und hoffentlich zu Gunsten einer kommenden Zeit"] Betrachtung: Vom Nutzen und Nachtheil der Historie für das Leben" (1874) diagnostiziert.[44] Nietzsche wirft hier Idealisten und Positivisten gleichermaßen vor, keine adäquate Form gefunden zu haben, das lebensweltliche Interesse an den Objekten der Wissenschaften, wie z.B. an der Geschichte, zu befriedigen. So schreibt er über die antiquarische Historie, „das sie das Weiterleben und gerade das höhere Leben *untergräbt*, wenn der historische Sinn das Leben nicht mehr conservirt, sondern mumisirt: so stirbt der Baum, unnatürlicher Weise, von oben allmählich nach der Wurzel zu ab – und zuletzt geht gemeinhin die Wurzel selbst zugrunde".[45] Gerade das der Historie, die „*Wissenschaft sein soll*", immanente Streben nach der Erkenntnis des eigentlichen Wesens der Vergangenheit verursacht mit der Vernachlässigung des Lebens eine Nebenfolge, die, so Nietzsche, die Legitimität gerade dieses wissenschaftlich-historischen Ansatzes

43 *Novalis*, Glauben und Liebe. Fragmente (1798), Individuum und Willkür, § 63, in: ders., Werke, hrsg. von Gerhard Schulz. München 2001, 371.

44 *Friedrich Nietzsche*, Die Geburt der Tragödie. Unzeitgemäße Betrachtungen, Kritische Studienausgabe, hrsg. v. Giorgio Colli und Mazzino Montinari. (Sämtliche Werke 1) Berlin/München 1999, 247.

45 Ebd., 268 (Hervorhebung B.S.).

grundsätzlich in Frage stellt.[46] Die überhöhte Rolle, die das historische Denken für seine Zeit spiele, drohe gerade jenes Denken auszuhöhlen. Für diese Nebenfolge und seine weitwirkende Bedeutung habe, wie Nietzsche meint, das

> „Zeitalter, das so hörbar und aufdringlich in das unbekümmerste Frohlocken über seine historische Bildung auszubrechen pflegt, trotzdem eine Art von *ironischem Selbstbewusstsein* [...], ein darüberschwebendes Ahnen, dass hier nicht zu frohlocken sei, eine Frucht, dass es vielleicht bald mit aller Lustbarkeit der historischen Erkenntnis vorbei sein werde".[47]

Die Überwindung dieser Krise, so heißt es dort etwas später, bestehe letztendlich in der richtigen Wahl zwischen zwei Alternativen: „Soll nun das Leben über das Erkennen, über die Wissenschaft, soll das Erkennen über das Leben herrschen?"[48]

Das philosophische Problem des Individuums, dessen Verschränktheit mit dem Anderen, dem durch die Vernunft geleiteten moralischen Gesetz, stellt sich als Problem der Wissenschaften dar. Insbesondere galt das für die Geisteswissenschaften, die sich als idiographische Wissenschaft im Gegensatz zu den nomothetisch verfassten Naturwissenschaften befanden. Wie konnte man die Einzigartigkeit eines historischen Individuums oder eines Ereignisses in einen systematischen und sinnstiftenden Ordnungszusammenhang bringen? Auch hier lag die Annahme einer Interdependenz wie zwischen dem freiheitsstrebendem Ich und dem vernünftigen Wir bei Fichte nahe – nur eben in einem wissenschaftstheoretischen Sinne.

Die Auffassung vom Individuum als der Einmaligkeit, Unwiederholbarkeit und Besonderheit eines historischen Gegenstands im Gegensatz zu der Abstraktheit des allgemeinen Gesetzes findet um die Jahrhundertwende Ausdruck bei Wissenschaftstheoretikern wie Heinrich Rickert und Wilhelm Windelband – gerade bei der Frage nach dem Verhältnis von Geistes- und Naturwissenschaften. Insbesondere bei Rickert wird das Problem des Individuums für die Wissenschaft explizit. Prinzipiell scheint es unmöglich, das „historische Individuum" in einen allgemeinen Bedeutungszusammenhang zu bringen und damit einer wissenschaftlichen Auseinan-

46 Ebd., 271.

47 Ebd., 302f. Ein Bewusstsein, das nach Nietzsche übrigens allgemein „in den grösser und höher entwickelten historischen Menschen" zu finden sei: „ein oft bis zu allgemeiner Skepsis gedämpftes Bewusstsein davon, wie gross die Ungereimtheit und der Aberglaube sei zu glauben, dass die Erziehung eines Volkes so überwiegend historisch sein müsse, wie sie es jetzt ist".

48 Ebd., 330.

dersetzung verfügbar zu machen: „die Wirklichkeit selbst in ihrer anschaulichen und individuellen Gestaltung geht in *keine* Wissenschaft ein.“[49]

Um diese Unzugänglichkeit überwinden zu können, wird das wirklich Individuelle in der Geschichte so in seiner allgemeinen Bedeutung aufgehoben, um überhaupt als wissenschaftlicher Begriff in die typischen Entwicklungsverläufe, soziologischen Gesetze und allgemeinen Tendenzen eingeordnet zu werden. Eine zunehmende Individualisierung führt aber zu dem Widerspruch, dass die Stabilität des auf allgemeinen Gesetzen fußenden Wissenssystems unterlaufen wird. Ein Problem, das Rickert wahrnimmt, das aber durchaus nicht dadurch gelöst würde, dass man die Geschichte des Individuellen im Sinne einer empirischen Wissenschaft, nach Maßstäben objektiver Gesetze erklärt. Eine „Förderung der Geschichte durch die Naturwissenschaften“ sei „im Prinzip nicht ausgeschlossen“, gibt Rickert zu bedenken.

> „Trotzdem brauchen wir hierbei nicht lange zu verweilen, denn wie gross auch der Gebrauch naturwissenschaftlicher Begriffe in einer historischen Darstellung werden möge, so können doch diese allgemeinen naturwissenschaftlichen Bestandtheile, so lange mit ihrer Hülfe ein einmaliger Vorgang dargestellt werden soll, an dem logischen Verhältniss von Naturwissenschaft und Geschichte nicht das Geringste ändern. Sie spielen unter logischen Gesichtspunkten keine andere Rolle als die allgemeinen Begriffselemente überhaupt, d. h. sie sind zwar, für sich betrachtet, allgemein, aber sie sind niemals der Zweck oder das Ziel einer historischen Darstellung, und sie müssen sich in ihrer Gesammtheit stets wieder zu historischen Begriffen oder zu Begriffen mit individuellen Inhalt zusammenschließen.“[50]

Wie aber wird nun aus der Geschichte eine Wissenschaft oder „Wirklichkeitswissenschaft“, die das historisch Individuelle in Beziehung auf einen „allgemeinen Werth […] zum Objekt ihrer Darstellung macht“?[51] Für Rickert kann Geschichte dann wissenschaftliche Qualität erhalten, wenn „die individuelle Wirklichkeit als solche mit dem allgemeinsten Begriffe des historischen *Objektes* gleich zu setzen war, die individualisierende Wirklichkeitsauffassung des praktischen *Lebens* als die ursprünglichste *historische Auffassung* bezeichnet werden muss“.[52] Nach dieser Vor-

49 *Heinrich Rickert*, Die Grenzen naturwissenschaftlicher Begriffsbildung. Eine logische Einleitung in die historischen Wissenschaften. Tübingen/Leipzig 1902, 338.

50 Ebd., 341f.

51 Ebd., 369.

52 Ebd., 354.

stellung erkennt er das historische Individuum als „wirklich, bedeutsam und dem Streit entzogen“[53] an und nähert sich „vom Begriff der Grenzen der Naturwissenschaften aus“ in allmählicher Determinierung einem Begriff der Geschichtswissenschaft an. Indem man vom Individuellen als umfassendem, „allgemeinsten Begriffe des historischen Objektes“ ausgeht, verhält sich der Historiker wie ein Naturwissenschaftler zu seinen Gegenständen. Rickert argumentiere, so heißt es in der zeitgenössischen Literatur, für eine „empirische Geschichtswissenschaft“ oder eine „positive“ bzw. „positivistische“ Wirklichkeitswissenschaft und damit eine „individualisierende Kulturwissenschaft“.[54] Und man sieht deutlich, dass Rickert die Wirklichkeit der Individualität vor die Idealität des allgemeinen Begriffes stellt. Der „Begriff eines historischen Gesetzes“, so wendet er sich gegen einen der Hauptvertreter dieser nomothetischen Geschichtsauffassung, den Leipziger Karl Lamprecht, sei „eine contradictio in adiecto“.[55]

Doch damit wird die Individualisierung als Problem für die Wissenschaft, wie es Nietzsche formulierte, nicht gelöst, sondern noch verschärft. Die Bevorzugung des Subjektiven ist kein Versuch durch die Einnahme einer reflexiven Position auf das Problem. Es bleibt bei der systemimmanenten Gegensätzlichkeit von ideographischen und nomothetischen Geistes- versus Naturwissenschaften, die sich nicht mit ihren eigenen Mitteln aufheben lässt.

Allerdings finden sich weitere Vertreter dieser nicht-reflexiven Wissenschaftslehre: etwa Wilhelm Wundt als Vertreter einer nomothetischen Wissenschaftsauffassung des historisch Individuellen, der in der empirischen Seele „die einzig brauchbare Hülfshypothese, deren wir uns bei der Erklärung der inneren Erfahrung bedienen können“ sieht.[56] Wundt glaubt, wenn man die Seele objektivierbar macht, also nach „äußerer Naturbeobachtung“ betrachten kann, dann gelingt es auch aus einem solchen Seelenbegriff, die „Thatsachen der inneren Erfahrung“ empirisch abzuleiten. So gewinne man mit dieser „empirischen Psychologie“ einen Kausalnexus zwischen der individualen Geisteserkenntnis und äußeren und empirischen Natur-

53 Ebd., 370

54 Vgl. z.B. *Paul Barth*, Die Philosophie der Geschichte als Soziologie. Leipzig 1922, ND Hildesheim 1972, 37ff.

55 *Heinrich Rickert*, Die Probleme der Geschichtsphilosophie. Eine Einführung. 3. Aufl. Heidelberg 1924, 90.

56 *Wilhelm Wundt*, System der Philosophie. Leipzig 1889, 389.

beobachtung. Der Individualismus obsiege, so Wundt in Referenz auf die sophistische Aufklärung, in „heutiger" Zeit über den platonischen Universalismus.

Von einer *reflexiven* Haltung gegenüber dem „Problem" der Individualisierung kann man eigentlich erst bei der Auseinandersetzung mit dem Thema bei Rudolf Eucken, Georg Simmel und Ernst Troeltsch sprechen. Zunächst sei auf Euckens „Geistige Strömungen der Gegenwart" von 1904 eingegangen, in dem er seine Epoche von drei geistigen Bewegungen geprägt sieht: „es sind das die Gesamtbewegung der Neuzeit zum Individuum, der Rückschlag des Individualismus zu gunsten der Gesellschaft, die Wiederbelebung des Individualismus in künstlerisch-literarischer Gestalt gegen Ende des 19. Jahrhunderts."[57] Und er stellt fest: „Die Emanzipation des Individuums ist wohl der hervorstechendste Zug des gesamten modernen Lebens."[58]

Doch gehe diese Individualisierung, so Eucken, mit einer gleichzeitigen Totalisierung einher. Die Industrialisierung der Wirtschaft und sämtlicher Lebensbereiche führe nicht so sehr zu einem „Bewußtsein stolzer Überlegenheit" des Subjekts,[59] sondern vielmehr komme es zu einer „Abschleifung der individuellen Züge", einer „Gefährdung der Selbständigkeit" und einem „Stocken ursprünglichen Lebens und Schaffens".[60] Eucken kritisiert die Unzulänglichkeit einer „bloßgesellschaftlichen Kultur" und sieht den Rückschlag des Individuums und die Hinwendung zum Gesellschaftlichen als Nebenfolge des anfänglichen Individualisierungsstrebens:

> „Die Arbeit, der Kern der neuen Lebensgestaltung, sollte die Seele kräftigen; nun kommt zur Empfindung, daß sie mit ihrer riesenhaften Entwicklung sie schwächt, ja unterdrückt; so wird die Seele zur Gegenwehr gereizt, wendet sich wider die gesellschaftliche Kultur und bestreitet den Wert aller ihrer Erfolge."[61]

Eucken versucht zu beschreiben, wie sich der Mangel an Individualität als Unzulänglichkeit erweist:

> „Die gesellschaftliche Kultur behandelt das Individuum als ein Stück ihres großen Räderwerkes, sie schätzt es nur nach seinen Leistungen, sie muß es für ihre Zwecke vielfach beengen und beschränken. Dazu wirkt sie mit ihren zahlreichen Verzahnungen und Durchkreuzungen der Elemente, mit ihrer

57 *Rudolf Eucken*, Geistige Strömungen der Gegenwart. 3. Aufl. Leipzig 1904, 283.

58 Ebd.

59 Ebd., 285.

60 Ebd., 289.

61 Ebd.

Anhäufung von Massen, ihrem lauten fabrikmäßigen Getriebe übermächtig zur Unterdrückung und Abschleifung der individuellen Züge, sie gestattet keine stille Ruhe zur Ausbildung eigentümlicher Art, sie macht die Menschen gleichartiger, sie erzeugt gewisse Durchschnitte, die leicht sich selbst zum Maßstab für Gut und Böse, für Wahr und Unwahr machen."[62]

Doch kritisiert er auch wie der Individualismus zu seiner Zeit mit dem Subjektivismus verschmelze. Diese Tendenz unterhöhle die Idee der einzigen Wahrheit und fördere einen Relativismus, in dem jeder seine eigene Wahrheit habe. Gerade hierin erkennt Eucken eine „schwer vermeidbare Folge", dass nämlich eine Neigung entstehe,

> „den Abstand hervorzukehren, das Gegenteil des Landläufigen zu tun, sich in Verstärkung der Absonderung groß zu fühlen. Und zugleich greift der Anspruch um sich, unbekümmert um alles, was da gilt, um Sitte und Gesetz, die eigne Art nach freiem Belieben und Gefallen zu entfalten, sich rücksichtslos ‚auszuleben'. Das alles keineswegs Absicht der Individualkultur, aber eine unter menschlichen Verhältnissen schwer vermeidbare Folge."[63]

Daher müsse der Gegensatz zwischen Individuum und Gesellschaft überwunden werden. Im historischen Vergleich zu anderen Umbruchszeiten hält Eucken die Verschiebungen der Gewichtungen zum Individuum (da, „wo frisch aufstrebende Kräfte die überkommenen Ordnungen als zu eng und starr empfinden und sich in Befreiung von ihnen neue Bahnen zu suchen haben") oder im „Rückschlag" zur Gesellschaft (da, „wo es nach Auflösungen und Erschütterungen vor allem einer Befestigung bedarf") für ein Grundprinzip des geistigen Wandels. Seine Forderung besteht in der Gleichgewichtung beider Pole, und dass es eine „praktisch-soziale und eine künstlerisch-individuale Art" geben müsse, die als „ein starker Antrieb zur Erhebung über jenen Gegensatz, zur Wendung von einer bloßen Menschenkultur zu einer Geistes- und Wesenskultur" wirke.[64] Das Leben, wie für viele das Schlüsselwort jenes zeitgenössischen Diskurses, sei es, in das man vordringen müssen, um der „inneren Zerklüftung der Zeit" zu begegnen. Darum geht es nämlich Eucken: Eine Möglichkeit zu finden, nicht verschiedene geistige Positionen intellektuell im philosophischen Sinne zur eindeutigen Aufhebung zu bringen, sondern den „echten

62 Ebd., 300.

63 Ebd., 304.

64 Ebd., 310f.

Problemen" zu begegnen, eine Gesellschaftsform zu finden, die dem Pluralismus der „Lebensentfaltungen" gerecht werden kann.

Im Anschluss an Nietzsche geht Georg Simmel um 1918 nun weiter und formuliert ein „individuelles Gesetz", das nicht nur einen Imperativ für das Leben darstellt, d. h. einen Imperativ zu finden, der als solcher nicht nur dem Leben gegenübersteht, sondern selbst „lebendig" sein kann.[65] Simmel sieht bei Nietzsche das Leben in dessen Imperativ nur als Inhalt, immer noch als ideelle Form des Sollens „über das Leben" gestellt und nur als ein „Analogon des Lebens oder eine Kategorie". Lediglich ließe sich, so Simmels vorsichtige Andeutung, von einer dem Leben bzw. dem Handeln inhärente Gesetzlichkeit sprechen, nicht jedoch immer von Gesetzen, im strengen Sinne einer Kategorie des Sollens.[66] Somit scheinen sich das Gesetz und das individuelle Lebensprinzip gegenüberzustehen: „Das Gesetz darf keinen Quellfluß in der Individualität des Menschen haben".[67] Die Prinzipien, aus denen sich das Gesetz bilden lässt, würden demnach aus „der Region des Über-Individuellen" abgeleitet werden, einer Region, die Simmel mit Kants durch Zufälle bestimmter Natur der Dingwelt an sich gleichsetzt. Das „Ich", welches hier durch das Gesetz angeleitet wird, ist daher das durch unsere Vernunft bestimmte „reine Ich" Fichtes, in dem jenes empirisch-individuelle Ich aufzugehen habe, oder, in den Worten Simmels, in das es sich zu verflüchtigen habe.[68]

Hier tritt jedoch das skeptische Bewusstsein für die prekäre Idealvorstellung eines solchen reinen Ichs zutage, das sich im „Prozess der Sittlichkeit" dem Gesetz der Vernunft unterzuordnen hat. Das Aufgehen des einen Individuums in ein einziges kollektives, vernünftiges Wir-Ich, so Simmel, erscheine mithin auch Fichte selbst als „irdisch unerreichbare Sittlichkeit" und er erinnert mahnend, dass die Kant'sche und Fichte'sche Idealvorstellung des absoluten Ichs immer noch fortlebe und damit die Entfaltung der wirklichen Lebensindividualität verhindere:

> „Sehr bestreitbar indes scheint mir diese, in vielen Modifikationen noch fortlebende, unbefangene Voraussetzung Kants und Fichtes, daß das reine oder fundamentale Ich das allgemeine sei, das empirische dagegen individualisiert, in seinen Qualitäten differenziert, von vielleicht unverwechselbarer

65 *Georg Simmel*, Lebensanschauung. Vier metaphysische Kapitel (1918), in: ders., Gesamtausgabe, hrsg. v. Otthein Rammstedt, Bd. 16. Frankfurt am Main 1999, 209–425, hier 358.

66 Ebd., 359.

67 Ebd., 366.

68 Vgl. ebd., 366f.

Sonderart. Die entgegengesetzte Erscheinung ist nicht ganz und gar abzuleugnen. Gerade als empirische Wesen sind wir von tausend Einflüssen bestimmt, die andere ganze ebenso treffen, durch soziale Einrichtungen und Schichtungen nivelliert, von den historischen Allgemeinzuständen gefärbt; gerade als empirische Wesen den allgemeinen Rechtsgesetzen unterstehen. Das überempirische Ich aber, dasjenige, das wir in die empirischen Verhältnisse mitbringen, um sie mit ihm als apriorischem Element erst zu gestalten, möchte sehr wohl etwas qualitativ Einziges, metaphysisch Einsames und gegen alle anderen Gleichgültiges sein. Mindestens sehe ich nichts, was diese Möglichkeit ausschlösse."[69]

Eine Konsequenz dieser gegenteiligen Annahme ist für den Soziologen Simmel das individuelle Gesetz. Es ist in gewisser Weise ein reflexiv-empirisches Lebens-Gesetz, das die Spannung aufzuheben versucht, die zwischen Individualität und Gesetz besteht, wo das Individuum noch immer sagen kann: „das Gesetz paßt nicht für mich, es ist nicht *mein* Gesetz".[70] Das „individual-allgemeine Gesetz", so schließt Simmel seine Überlegungen, ist wohl kaum begrifflich zu fixieren, sondern ergibt sich aus den sich situativ ergebenden singulären Vorschriften. Das individuelle Gesetz löst sich von der Kant'schen moralphilosophischen Vorstellung, dass das Sollen die Lebensinhalte zu bestimmen habe, es entsteht vielmehr direkt aus dem „Lebensprozeß" heraus:

> „All das Variierende, seinem Sinn nach Einmalige, in der Lebenskontinuität ohne angebbare Grenzen Gleitende, das sich jeder Unterordnung unter ein vorbestehendes Gesetz ebenso wie der begrifflichen Sublimierung zu einem allgemeinen Gesetz entzieht – alles das findet nun ein Sollen über sich, da dieses selbst ein Leben ist und dessen kontinuierliche Form bewahrt."[71]

Dem „Ein-für-allemal" wird von Simmel eine Absage erteilt und es wird durch eine historisch-reflexive Ethik ersetzt, die in allen gewesenen Taten und normativen Vorschriften die Bedingung des in jeweiligen Situationen Gesollten anerkennt. So ist es die Aufgabe des Individuums in der jeweiligen Lebenssituation zwischen der Skylla der subjektiven Willkür und der Charybdis des allgemeinen Gesetzes hindurchzusteuern. Bestimmend für das individuelle Gesetz sei dabei, so Simmels differenzierende Aufhebungsformel zum Ende seines langen Essays,

69 Ebd., 367.

70 Ebd., 417.

71 Ebd., 424.

„daß nur das das *Wirkliche*, aber nicht das Ideal-Normative individuell sein kann und nur das *Allgemeine*, aber nicht das Indivduelle gesetzhaft – das sind die Verbindungen, deren Lösung sich auf diesem langen Wege vollzogen hat, damit die Verbindung von Individualität und Gesetzlichkeit sich vollziehen könne".[72]

Simmels Auseinandersetzung mit dem Problem der Individualität deutet eindeutig darauf hin, wie stark die Denkgewohnheiten sich an der idealistischen Vorstellung der Dualität von empirischer Einzigartigkeit und allgemeiner Gesetzmäßigkeit zerreiben. In den Worten der Theorie reflexiver Modernisierung treffen hier zwei fundamental gültige Basisprinzipien aufeinander, die sich gegenseitig ihre Gültigkeit für das geordnete Leben streitig machen. Es ist symptomatisch, dass Simmel seine Überlegungen zur Aufhebung dieses Widerspruchs gerade zu einem Zeitpunkt macht, nämlich zum Ende des Ersten Weltkriegs, als gesetzmäßige moralphilosophische Ansprüche mit dem exzessiven Entfaltungswillen des sogenannten empirischen Individuums aufeinander treffen. Eine nachhaltige Alternative zu diesen beiden Basisprinzipien besteht für Simmel somit in einer reflexiven Überwindung derselben, die einen Ausgang aus der Krise in einer historischen Synthese bzw. „Verbindung" von erfahrenem Individualisierungsdrang und der erlebten gesetzmäßigen Rationalisierung wünscht.

Die Rede von der Bildung einer allgemein umfassenden europäischen „gegenwärtigen Kultursynthese aus den historischen Erbstücken", die der Theologe Ernst Troeltsch als Lösungsangebot für die Probleme des Historismus anbietet, lässt sich als ein Simmels Ausführungen nicht unähnliches reflexives Gedankenprodukt auslegen.[73] Die Krise des Individuums stellte sich auch für Troeltsch als eine der Religionen, der Wissenschaft und der Kulturen dar, die zu einer Untergrabung der Werte führte. Die verschiedenen Geltungsansprüche religiöser Individualität und die verschiedenen Traditionen wissenschaftlicher Verfahren, die in Frankreich eine positivistische Wendung seit der Aufklärung und unter dem Einfluss von Soziologen wie Auguste Comte erfahren haben und die in Deutschland einen in Troeltschs Augen von der Reformation ausgehenden Sonderweg gegangen waren, bildeten die Hauptpole des europäischen Spannungsfelds. Troeltschs Einsicht in die historisch wurzelnde Krise der Moderne zeigt nicht nur das Bewusstsein für die geschichtsphiloso-

72 Ebd., 425.

73 *Ernst Troeltsch*, Der Historismus und seine Probleme. (Gesammelte Schriften 3) Tübingen 1922, 164.

phischen und ethischen Implikationen, sondern auch für die zentrale Bedeutung der Individualität. Er zeigt dessen historischen Wert in der ideengeschichtlichen Darstellung der verschiedenen Individualitätsvorstellungen bei Kant, Schleiermacher, Fichte und den Romantikern auf, die schließlich bei Dilthey – so die berühmte Wendung – in der „Anarchie aller Werte" münden. Die Überlegungen zum Verhältnis von Individualität und Vernunft der Marburger Kantschule und Hegel'schen Schule werden von Troeltsch ob ihrer „Weltenferne" ebenso wie die Lösungsversuche Euckens verworfen.

Für Troeltsch ist es erst Nietzsche, der das „Problem einer Begründung der Werte aus der Historie heraus wirklich verstanden und gefühlt" hat. Deswegen ging von ihm „die Krisis und die Selbstbesinnung des modernen Historismus zum großen Teil aus".[74] Das Nebenfolgen-Bewusstsein tritt bei Troeltsch also im Rekurs auf diesen Vordenker der Krise deutlich zu Tage. An anderer Stelle spricht er von „bedenklichen Rissen und Sprüngen" seiner „stolzen Gegenwart", in der die Idee der europäischen Humanität „relativiert und kritisch zersetzt" wurde. Sie „wich allerhand Zukunftsplänen oder dem Pessimismus oder dem rein materialistischen Sinn für Interessen, die nur mit Gewalt zu verwirklichen sind."[75] Die Krise des Systems sei, so Troeltsch weiter, aus sich selbst entstanden und trotz eines Bewusstseins, des „Gefühls" für die „Konsequenzen und Gefahren" des Wesens der modernen historisch-kritischen Forschung sei das Problem doch zu stark, „um durch bloße Berufung auf Tradition, Sitte und praktische Zweckmäßigkeiten nicht mehr recht überwunden zu werden".[76] Das Grundfundament der traditionellen Wertegemeinschaft sei durch den Historismus ausgehöhlt worden:

> „Hinter alledem liegen die Probleme der Geschichtsphilosophie, d.h. einer Bewältigung und Begrenzung des ungeheuren, immer reißender und breiter werdenden historischen Lebensstrome, nicht bloß der Konstruktion seiner Stadien und Bewegungsgesetze. Das aber heißt mit anderen Worten: die Historie verlangt eine Auseinandersetzung mit der Idee eines bleibenden und maßgebenden Systems der Werte, das doch gerade von diesem Strom unterwaschen und zerfetzt zu werden schien."[77]

So ist es nicht erstaunlich, dass sich Troeltsch bei seinen Überlegungen zur „ge-

---

74 Ebd., 140.

75 *Ernst Troeltsch*, Der Historismus und seine Überwindung. Fünf Voträge. Berlin 1924, 3.

76 Ebd., 4.

77 Ebd., 3.

genwärtigen Kultursynthese“ auf Nietzsches kulturkritische Diagnoseleistung beruft. So forderte Letzterer ein dreifaches Muss der reflexiven Selbstauflösung des Widerspruchs, das der Formel von der Überwindung der Geschichte durch Geschichte („Die Idee des Aufbaues heißt Geschichte durch Geschichte überwinden“[78]) sehr nahe kam:

> „Man soll aber immerhin diese auch von mir nur zweifelnd hingestellte Erklärung durch bessere Erklärungen ersetzen; denn der Ursprung der historischen Bildung – und ihres innerlich ganz und gar radicalen Wiederspruches gegen den Geist einer ‚neuen Zeit', eines ‚modernen Bewusstseins' – dieser Ursprung *muss* selbst wieder historisch erkannt werden, die Historie *muss* das Problem der Historie selbst auflösen, das Wissen *muss* seinen Stachel gegen sich selbst kehren – dieses dreifache *Muss* ist der Imperativ des Geistes der ‚neuen Zeit', falls in ihr wirklich etwas Neues, Mächtiges, Lebensverheissendes und Ursprüngliches ist.“[79]

Der moderne Mensch sei, so Nietzsche, meist neben seinem Stolz über das von ihm Erreichte eben auch zur Selbstironie aufgefordert, da er „in einer historisierenden und gleichsam abendlichen Stimmung leben muss“ und von der Furcht geplagt sei, „gar nichts mehr von seinen Jugendhoffnungen und Jugendkräften in die Zukunft retten zu können“.[80] Die Krise wird gerade wegen dieser ironischen Selbsterkenntnis als Krise wahrgenommen. Die Moderne, das Aufstreben einer bestimmten Individualitätsidee, die Überzeugung, die Welt nach seinem Wunsche gestalten und bewältigen zu können, provoziert gleichzeitig mit ihren beabsichtigten Erfolgen auch die unbeabsichtigten Nebenfolgen. Dass diese nicht gänzlich unerwartet waren, dass die katastrophischen Auswirkungen eines Zusammenpralls gleich gültiger Basisprinzipien alles andere als nicht befürchtet wurden, das zeigt uns das fundamental reflexive Bewusstsein der hier ausgewählten Autoren. So ist die Überraschung im intellektuellen Diskurs über das Zusammenbrechen der ehemals so stabilen Werteordnung des 19. Jahrhunderts weitgehend ausgeblieben. Erst nach der Verwindung der tragischen Konsequenzen eines im Grunde in den geistigen Bereichen geschürten Krisenherdes begann die langsame und zunächst erneut erfolglose Besinnung auf Stimmen wie Troeltschs, den Weg aus der betretenen Sackgasse als historisch-reflexiven Prozess zu suchen.

---

78 *Troeltsch*, Historismus (wie Anm. 73), 772.

79 *Nietzsche*, Geburt (wie Anm. 78), 306.

80 Ebd., 93.

Die Krise als Nebenfolge der Kritik

Das reflexive Modernisierungsbewusstsein in der Aufklärung bis zur Französischen Revolution

Die Französische Revolution gilt bis heute als Beginn der Epoche der Moderne. Sie wird neben der Amerikanischen Revolution als der politische Kulminationspunkt der Aufklärung gesehen, in der die Forderung nach freier und individueller Selbstbestimmung, die allen Menschen gleich und ohne staatliche Einschränkungen zuzugestehen sei, ihren Ausgang nahm. Das Zeitalter der Aufklärung wird indes als Folge der Kritik an den „absolutistischen" Autoritäten in der Frühen Neuzeit wahrgenommen. Seit der berühmten Abhandlung von Max Horkheimer und Theodor Adorno ist überdies immer wieder auf die „andere" Seite, auf die „Dialektik der Aufklärung" aufmerksam gemacht worden.[81] Das optimistische Fortschrittsdenken, das an das Durchsetzungsvermögen einer theoretischen und praktischen Vernunft glaubt, hat seinen Preis.[82] Es wird kontrastiert durch seine katastrophischen Nebenfolgen, deren Ursachen auf das Wesen der Aufklärung, nämlich auf die Kritik zurückgeführt werden. „Kritik und Krise" bilden somit das dialektisch gedachte, antithetische Begriffspaar der Moderne, das es zu reflektieren gilt.

Reinhart Koselleck beschreibt den historischen Verlauf von der Entstehung der modernen Kritik bis zur Krise somit nach dem Modell einer dreifachen Abfolge: „Der Absolutismus bedingt die Genese der Aufklärung; die Aufklärung bedingt die Genese der französischen Revolution."[83] Seine These lautet, dass „der kritische Prozeß der Aufklärung [...] die Krise im gleichen Maße hervorbeschworen [hat], wie ihr der politische Sinn dieser Krise verdeckt blieb." Im Folgenden wird gezeigt, wie in Kosellecks Beschreibung des dialektischen Verhältnisses von Kritik und Krise unbeabsichtigte und unbewusste Nebenfolgen kollektiven Handelns eine entscheidende

81 Vgl. z.B. *Adorno/Horkheimer*, Dialektik (wie Anm. 30), 25, 31: „Die Menschen bezahlen die Vermehrung ihrer Macht mit der Entfremdung von dem, worüber sie ihre Macht ausüben."

82 Vgl. ebd., 260

83 *Reinhart Koselleck*, Kritik und Krise. Eine Studie zur Pathogenese der bürgerlichen Welt. Frankfurt am Main 1974, 5.

DOI 10.1515/9783110405019.57

Rolle spielen. Deutlich wird dabei, wie Kosellecks Verständnis von „echter Geschichtlichkeit“[84], die bei ihm den dialektisch verstandenen historischen Prozess bezeichnet, hier ein Verhältnis von beabsichtigen Folgen und unbeabsichtigten Nebenfolgen beschreibt.

Unter dem Eindruck der Verheerungen und politischen Entzweiung während des religiösen englischen Bürgerkrieges zwischen Parlament und Krone war es nach Koselleck Thomas Hobbes, der durch die Trennung von Moral und Politik und damit die Untscheidung von Subjekten und Souverän die Voraussetzung für die neue absolutistische staatliche Ordnung schuf.[85] Hobbes' „Erfindung“ der absolutistischen Souveränität sei dessen Einsicht in die Ursachen bzw. *der* Ursache des Bürgerkriegs zu verdanken. Er frage, so schreibt Koselleck, zunächst nach den „Plänen und Interessen der verschiedenen Menschen, Parteien und Kirchen“, die man „*entlarven* muß, um den gemeinsamen Grund zu erblicken, der den Bürgerkrieg verursacht.“[86] Um den Bürgerkrieg zu verhindern bzw. zu beenden, erscheint Hobbes dieser als ungewollte Nebenfolge politischen Handelns.[87] Doch die kriegführenden Parteien wa-

---

84 Ebd., 30: Das exemplarisch aufzufassende Muster eines solchen Verlaufes lautet hier: „Der Staat schuf eine Neuordnung, wurde aber dann – echt geschichtlich – ein Opfer dieser Ordnung.“

85 Bemerkenswert ist, dass Koselleck in der Trennung von Moral und Politik bei Hobbes auch die Bedingung für subjektive Autonomie erfüllt sieht. Die Verlagerung politischer Verantwortung auf den einen Souverän schafft den Freiraum für das Individuum, das sich im vom Staat unkontrollierten Innenraum „moralisch“ entfalten kann: „Die Individuen werden von vornherein im Hinblick auf ihr Dasein als Subjekte, d.h. als Untertanen ihres Souveräns beschrieben. Ohne ständische Mittelinstanz wurden sie in die staatliche Ordnung derart eingefügt, daß sie sich als Individuen entfalten können. Der Individualismus von Hobbes ist als die Voraussetzung eines geordneten Staates gleichzeitig auch die Bedingung für die freie Entfaltung des Individuums.“ (*Koselleck*, Kritik und Krise (wie Anm. 83), 19).

86 Ebd., 18 (Hervorhebung B.S.).

87 Vgl. *Thomas Hobbes*, Behemoth, the History of the Causes of the Civil-Wars of England, And the Councels and Artifices by which they were carried on, from the year 1640. to the year 1660, London: W. Crooke 1682. Im ersten Dialog reflektiert er über den „seed“ des Bürgerkriegs, wobei deutlich wird, dass er weder König noch das einfache Volk für die Sache der religiösen Parteien empfänglich hielt, sondern ein Bündel an verschiedenen, pluralen Gründen aber nicht einen Grund für den Kriegsausbruch nennt (3–4). Der Krieg, so Hobbes, war keine notwendige Folge, sondern hätte verhindert werden können: „*A.* Truly, I think, if the King had had money, he might have had soldiers enough in England. For there were very few of the common people that cared much für either of the causes, but would have taken any sie for pay or plunder. But the King's treasury was very low, and his enemies, that pretended the people's ease from taxes, and other specious things, had the command of the purses of the city of London, and of most cities and corporate towns in England, and of many particular persons besides. – *B.* But how came the people to be so corrupted? And what kind of people were they that could so seduce them? – *A.* The seducers were of divers sorts. One sort were ministers; ministers, as they called themselves, of Christ; and sometimes, in their ser-

ren „verständlicherweise, aber ganz gegen die Vernunft, selber außerstande, die Ursache allen Übels zu erkennen". Der Grund für den Bürgerkrieg sei, dass man die Gründe von Krieg und Frieden nicht kenne.[88]

Nach dieser Lesart ist es möglich, in Hobbes' Auseinandersetzung mit dem Bürgerkrieg ein Bewusstsein von der unbeabsichtigten Nebenfolge, die der Krieg konstituiert, festzustellen. Die normative Autorität, die Hobbes dem Staat zuspricht, um den zivilen Frieden und eine geregelte Ordnung zu garantieren, resultiert aus der Erkenntnis, dass der katastrophischen Nebenfolge nicht anders als durch die Trennung von moralischem und politischen Bewusstsein beizukommen ist.[89] Dadurch kann sich der *Leviathan* ohne Rücksicht und die Gefahr moralischer Dilemmata über das Chaos der kriegführenden Interessengruppen, den *Behemoth*, hinwegsetzen und den Frieden wiederherstellen.[90] Diese Macht über die Untertanen, die der durch politische Verantwortung autorisierte Souverän besitzt, hat jedoch umgekehrt die mo-

---

mons to the people, God's ambassadors; pretending to have a right from God to govern every one his parish and their assembly the whole nation."

88 *Koselleck*, Kritik und Krise (wie Anm. 83), 18, der hier Thomas Hobbes, Elementorum Philosophiae, Sectio prima „De Corpore". London 1655, 5, zitiert: „Causa igitur belli civilis est, quod Bellorum et Pacis causae ignorantur"; und zwar deswegen, so heißt weiter bei Hobbes an dieser Stelle, weil die Menschen die Regeln des zivilen Lebens nicht gelernt haben („et quod paucissimi sunt qui officia sua quibus pax coalescit et conservatur, id est, *veram vivendi regulam* didicerunt", Hervorhebung B.S.). Vgl. *Nicholas Dungey*, Thomas Hobbes's Materialism, Language, and the Possibility of Politics, in: The Review of Politics 70 (2008), 190–220, 219.

89 *Thomas Hobbes*, Leviathan, l. i, c. 18., hrsg. v. Richard Tuck. Cambridge 1991, 121: „This is the Generation of that great Leviathan, or rather (to speak more reverently) of that *Mortall God*, to which wee owe und the *Immortal God*, our peace and defence. For by this Authoritie, given him by every particular man in the Common-Wealth, he hath the use of so much Power and Strength conferred to him, that by the terror thereof, he is inable to conforme the wills of them all, to Peace at home, and mutuall ayd against their enemies aborad. And in him consisteth the Essence of the Commonwealth; which (to define it,) is *One Person, of whose Acts a great Multitude, by mutuall Covenants one with another, have made themselves every one the Author, to the end he may use the strength and means of them all, as he shall think expedient, for their Peace and Common Defence.* And he that carryeth this Person, is called Soveraigne, and said to have *Soveraigne Power*, and every one besides, his Subject." (Hervorhebungen i. Orig., B.S.)

90 *Carl Schmitt*, Der Leviathan. Hamburg 1938 ND Köln 1982, 34: „Der Staat ist nach Hobbes nur der mit großer Macht fortwährend verhinderte Bürgerkrieg. Danach verhält es sich so, daß das eine Ungeheuer, der Leviathan ‚Staat', das andere Ungeheuer, den Behemoth ‚Revolution', andauernd niederhält. Nach der Formulierung eines ausgezeichneten englischen Hobbeskenners, C. E. Vaugham [i.e. Vaughan, B. S.], ist der Leviathan ‚das einzige Korrektiv' des Behemoth. Der staatliche Absolutismus ist demnach der Unterdrücker eines im Kern, nämlich in den Individuen, ununterdrückbaren Chaos. Carlyle sagt in seiner drastischen Art einfach: Anarchie plus Polizei."

ralische Verantwortung dem Individuum auferlegt. Der Einzelne herrscht somit über die vom Staat freigelassene Leerstelle der Moral, die der Staat zugunsten seiner politischen Handlungsfähigkeit aufgegeben hat. Damit ist in diesem „geheimen" Raum des Individuums geschaffen, das, entlastet von politischer Verantwortung, die alleinige Kontrolle über die Moralsphäre besitzt, wo der „spezifische Einsatzpunkt der Aufklärung liegt."[91]

Insofern legt Hobbes' Vorschlag zur Überwindung der Nebenfolge „Bürgerkrieg" qua Ermächtigung des Staats über das Subjekt den Grund für eine weitere Nebenfolge, nämlich den Innenraum der Gesinnung, den die Aufklärung später sukzessive ausweiten wird, um die beabsichtigte Folge der absolutistischen Herrschaft schließlich zu untergraben. Der absolutistische Staat nimmt somit die Individualisierung seiner Subjekte als potentielles Folgeproblem in Kauf: „Die Notwendigkeit einen dauerhaften Frieden herbeizuführen, veranlaßt den Staat, dem Individuum einen Binnenraum zu konzedieren, der die souveräne Entscheidung so wenig beeinträchtigt, daß er vielmehr unabdingbar wird für sie."[92] Die Scheidung eines geheimen staatlichen Raums politischer Souveränität von einem ebenso geheimen privaten Raum moralischer Souveränität schuf für das absolutistische Staatssystem seinen eigenen „Unruheherd", den Koselleck als frühe Ursache für dessen Umwerfung ausmacht.

Die Aufklärung aus dem Geiste moralischer Souveränität ist darüberhinaus eine Wiederholung der reformatorischen Nebenfolge, nur dieses Mal nicht gegen die Kirche, sondern gegen den Staat. Auf die Reformation als Wendezeit und Ereignis in der Genealogie der Nebenfolgen wird später noch zurückzukommen sein, doch sei hier auf Kosellecks Parallelisierung von reformatorischem Widerstand gegen die geistliche Autorität mit der säkularen Kritik am Staat verwiesen: „Die Aufweichung der Offenbarungsreligiosität, die den alten Staat bedingt, wird in diesem Staat zum Verhängnis, in dem sich die alte Thematik – in säkularisierter Form – wiederholt."[93] So war ausgerechnet die Möglichkeit der inneren, religiösen und moralischen Freiheit die Ursache für den Zerfall des Staatssystems, das ebendiese Autonomie gewährleis-

91 *Koselleck*, Kritik und Krise (wie Anm. 83), 30: „Die Entlastung des Menschen wurde zur Belastung des Staates. [...] Hier liegt, wie später zu zeigen sein wird, der spezifische Einsatzpunkt der Aufklärung. Sie breitet sich in jener Lücke aus, die der absolutistische Staat ausgespart hat, um den Bürgerkrieg überhaupt zu beenden."

92 Ebd., 30.

93 Ebd., 31.

tete. Das habe Hobbes nicht ahnen können. Das zunächst unbewusste Folgeproblem wurde dann virulent, als die Trennung von Moral und Politik, welche diesen Verfallsprozess einleitete und dann beschleunigte, bzw. die Unterscheidung von Mensch und Untertan unter dem Einfluss der Aufklärung und ihrer Morallehren – „als die eigentlichen Erben der Religion" – nicht mehr verstanden wurde[94]: „Die Trennung von Moral und Politik implizierte ein moralisches Verdikt über die herrschende Politik."[95] Damit ist die inhärente Nebenfolge des Hobbes'schen Absolutismus, wie Koselleck ihn in seinen Auswirkungen auf die Zukunft interpretiert, klar bezeichnet.

Dass die Nebenfolge so lange unerkannt blieb, habe an ihrer Verdeckung durch die Basisinstitution des Geheimnisses gelegen. Das Geheimnis, eine bis ins 18. Jahrhundert, so Lucian Hölscher, „durchaus anerkannte und notwendige Dimension politischen Handelns", stellt sowohl als Staats- und Regierungskunst (*arcana imperii*) auf der politischen Handlungsebene als auch auf der Ebene des Individuums, für das es eine der „Klugheitsregeln" war, „bei wichtigen Angelegenheiten seine Absichten und Handlungsmöglichkeiten geheimzuhalten",[96] eine wichtige Voraussetzung für die nachfolgende Krise dar. Bei Koselleck ist es diese Institution, welche „in das Zentrum der Dialektik von Moral und Politik" führe: „Das Geheimnis verdeckt – wie sich herausstellen wird, in ambivalenter Weise – die politische Kehrseite der Aufklärung."[97] Es habe in der Absicht der Trennung von politischer und moralischer Sphäre gelegen, äußere, politische Handlungsfreiheit zu gewinnen ebenso wie man plante, diese Freiheit durch das *arcanum* für den staatlichen Souverän zu garantieren.[98] Doch auf der anderen Seite war der Preis für diese Freiheit des Staates, dass er dem Individuum ebenfalls einen geheimen Freiraum gewährte, in dem er nicht intervenieren durfte. Den höchsten Ausdruck dieses Freiraums findet Koselleck in den Geheimgesellschaften der Freimaurerlogen, deren Mitglieder sich zunächst rein unpolitisch sahen. Doch ihre moralische Autorität habe sich unter dem Schutz des von ihnen rituell gepflegten Geheimnisses (des esoterischen Mysteriums, welches bei den Freimaurern als hauptsächlicher Exklusions- und Inklusionsmechanismus

94 Ebd.

95 Ebd., 67.

96 *Lucian Hölscher*, Öffentlichkeit und Geheimnis. Eine begriffsgeschichtliche Untersuchung zur Entstehung der Öffentlichkeit in der frühen Neuzeit. (Sprache und Geschichte 4) Stuttgart 1979, 7f.

97 *Koselleck*, Kritik und Krise (wie Anm. 83), 56.

98 Vgl. ebd., 68.

wirkte) allmählich und vor allem unbemerkt zur politischen Opposition gegen das alte Regime gewandelt.[99]

Wenige Zeitgenossen hätten die politische Wendung in ihrer Verborgenheit erkannt und die durch das Geheimnis verursachte Blindheit gegenüber den Nebenfolgen überwunden. Nur Lessing habe die Einsicht für die, so drückt es Koselleck aus, „Struktur der gesellschaftlichen Realität" besessen. Damit scheint dessen Bewusstsein für die Nebenfolgen politischen und gesellschaftlichen Handelns in der Geschichte gemeint zu sein, nämlich, dass es „Übel" gäbe, so heißt es in Lessings Gesprächen über die Freimaurerei zwischen Ernst und Falk, „ohne welche auch der glücklichste Bürger nicht sein kann", und dass es bereits im „Wesen der bürgerlichen Gesellschaft [liege] – ‚*ganz ihrer Absicht entgegen*', wie Lessing die hoffnungsfreudigen *Pläne* paraphrasiert, und nicht erst am Staate als solchem, daß sie ‚die Menschen nicht vereinigen kann, ohne sie zu trennen, nicht trennen', ohne Grenzen zu ziehen und Unterschiede festzulegen".[100] Das Ziel der Freimaurer hätte, neben der möglichen Abschaffung der Staaten in ferner Zukunft[101], in erster Linie darin bestanden, diese unvermeidbaren Nebenfolgen abzufedern und, so zitiert Koselleck weiter aus Lessing, „alle jene Übel, die mit der Politik", welche von den Freimaurern als unvermeidbar anerkannt wird, „unentrinnbar gegeben sind ‚nicht größer einreißen zu lassen, als die Notwendigkeit erfordert. *In Absicht, ihre Folgen so unschädlich zu machen, als möglich*'"[102].

Im Jahrhundert der Kritik werde der „echt geschichtliche – in sich dialektische – Tatbestand", der Dualismus von Politik und Moral weitestgehend verkannt.[103] Die Kritik, so urteilt Koselleck, habe sich im verbissenen Ernst zur Hypokrisie gesteigert. Der im Geheimen segregierten absolutistischen Herrschaft wird von den hypokriti-

99 Vgl. ebd.: „Daß die politische Bedeutung dieser Wendung aber für das Gros der Gesellschaft ebenfalls verborgen lag, war in der Dialektik zwischen Moral und Politik begründet, die das Geheimnis provozierte. Das politische Geheimnis der Aufklärung sollte nicht nur dach außen verhüllt werden, sondern verbarg sich – infolge ihres scheinbar unpolitischen Ansatzes – den meisten Aufklärern selbst."

100 Ebd., 70 (Hervorhebungen B. S.). Zitate bei: Ernst und Falk. Gespräche für Freimäurer (1778), in: *Gotthold Ephraim Lessing*, Sämmtliche Schriften. Berlin 1838, X, 252–280, hier 275 und 268.

101 So z.B. Falk in *Lessing*, Schriften (wie Anm. 100) X, 262: „Ordnung muß also doch auch ohne Regierung bestehen können."

102 *Koselleck*, Kritik und Krise (wie Anm. 83), 71 (Hervorhebung B.S.). Zitat in *Lessing*, Schriften (wie Anm. 100), X, 271.

103 Ebd., 85.

schen Aufklärern Missbrauch der Macht vorgeworfen, die dabei verkennen, „daß die Macht den Mächtigen inspiriere“:

> „Daraus ergab sich für den späteren Aufklärer von selbst, daß ein guter Monarch schilimmer sei als ein böser, weil er die getretene Kreatur daran hindere, den Unfug des absolutistischen Prinzips zu durchschauen. Die Aufklärer entlarven den König als Menschen, und als Mensch kann er gar nichts anderes sein als ein Usurpator. Die Kritik listet der geschichtlichen Figur ihre Bedeutung ab. [...] Die Kritik übersteigt bei weitem ihren Anlaß, sie wurde zum Motor der Selbstgerechtigkeit. Sie produziert ihre eigene Verblendung.“[104]

Indem die Kritik immer wieder auf sich selbst angewendet worden und auf sich selbst gefallen sei, verlor sie ihren eigenen Grund: „Der Prozeß, den die Kritiker entfesselt hatten, erfaßte sie schließlich auch und riß sie in den Abgrund.“[105]

Wenn man die Kritik als Basisprinzip der Aufklärung bezeichnen will, dann wurde im 18. Jahrhundert deutlich, dass sich dieses Basisprinzip in seiner auf alles gerichteten Kritik und Gegenkritik zur „Superkritik“ steigerte und schließlich zur Hypokrisie verdummte, d. h. sich aufgrund seiner Unbegrenztheit selbst vernichtete. Für Koselleck ist es „Heuchelei“, sozusagen Blindheit gegenüber der Bedeutung des Anderen für sich selbst, dass die Möglichkeit der Kritik durch den Staat und den König konstituiert ist. Durch den „Schleier“ der Hypokrisie erkenne die Kritik nicht, dass sie ihre Genese ihrem antipodischen Kritikgegenstand zu verdanken hat.[106]

---

104 Ebd., 99.

105 Ebd., 100.

106 Vgl. ebd. 102. In dieser Kritik an der hypokritischen Haltung der Aufklärer fühlt man sich nicht zum letzten Mal bei der Lektüre von „Kritik und Krise“ an Carl Schmitt erinnert, dessen Verteidigung seiner Haltung im Nationalsozialismus oftmals darin bestand, kein Opportunist sein zu wollen, der sich für seine vergangenen Äußerungen zu rechtfertigen oder von ihnen reinzuwaschen habe. Er sei, so schreibt dieser in seiner Antwort an Karl Mannheim, ein „christlicher Epimetheus“ und beruft sich auf die Autorität seines moralischen Innenraums, den er in der ihm gegenwärtigen Öffentlichkeit nicht anerkannt findet: „Wenn in einem Lande nur noch von staatlicher Macht organisierte Öffentlichkeit gilt, dann begibt sich die Seele eines Volks auf den geheimnisvollen Weg, der nach innen führt; dann wächst die Gegenkraft des Schweigens und der Stille.“ (Ex Captivitate Salus. Köln 1950, 21). Es ist fraglich, ob sich ein derartiger Rückzug in den inneren Kosmos seiner subjektiven Selbstgerechtigkeit von der Hypokrisie der moralischen *und* politischen Enthaltsamkeit qualitativ überhaupt unterscheiden. Doch bestätigt Schmitts eigene hypokritische Haltung gegenüber dem Staat der Sieger, die These Kosellecks, dass eine nicht nach allen Seiten offene Kritik ihrer eigenen Gegenkritik erliegt. Vgl. zu Schmitts „Situation des Schweigens“ auch *Dirk van Laak*, Gespräche in der Sicherheit des Schweigens. Carl Schmitt in der politischen Geistesgeschichte der frühen Bundesrepublik. Berlin 1993, 126f. Vgl. auch *Jan-Friedrich Missfelder*, Die Gegenkraft und ihre Geschichte. Carl Schmitt, Reinhart Koselleck und der Bürgerkrieg, in: ZRelGG 58.4 (2006), 310–336.

Mit dem Eintritt in die Umbruchszeit der Krise vor und nach der Französischen Revolution, die Koselleck später als Sattelzeit bezeichnet[107], kommt es zur Wahrnehmung des „Wissens um eine politische Spannung mit *unentrinnbaren Folgen*".[108] Zahlreiche Prognosen erwarten nun den Umsturz und die Revolution in Zukunft eintreten, denn die bewusste Präsenz der Nebenfolge habe eine kritische Schwelle erreicht und beginne sich nun historisch zu realisieren. Koselleck spricht in diesem Zusammenhang von der Herrschaft der Geschichtsphilosophie, die „dem elitären Bewußtsein der Aufklärer seine Evidenz" lieferte. „Sie trat weitgehend das Erbe der Theologie an."[109] Es bestand nun eine nahezu mathematische und mechanistische Sicherheit, dass sich die Kritik gegen das alte absolutistische System durchsetzen und zu dessen Untergang führen würde. Hier herrschte nun trügerische Klarheit, die in dem neuen geschichtsphilosophischen Heilsplan verborgenen Nebenfolgen blieben jedoch unbewusst. Kurz gesagt: Den Aufklärern unterläuft der gleiche „Fehler" in ihrer Planung wie den Architekten des absolutistischen Staates etwa hundert Jahre zuvor. In der Aufklärung wird die unterhöhlte biblische Heilsgeschichte durch eine neue, doch ebenso deterministisch vorgestellte anthropozentrische Teleologie des Fortschritts als Geschichtsphilosophie ersetzt.[110] Der Gewinn für die Aufklärer ist die determinatorische Sicherheit ihrer Zukunftskonzeption, wie sie für die absolutistische Herrschaft durch die Rechtfertigungsnarrative des göttlichen Heilsplans garantiert wurde: „Im voluntativen Akt der Planung lag also bereits die Garantie, daß das Vorhaben auch zum Erfolg führt".[111] Doch gerade diese geschichtsphilosophische Sicherheit habe zu dem Paradox geführt, dass der Staat mit Gewissheit unter die Herrschaft des moralischen Innenraums fallen wird und man sich gleichzeitig aber weiterhin von der politischen Verantwortung befreit sieht: „Die Beseitigung des

107 Vgl. z. B. *Reinhart Koselleck*, Einleitung, in: Otto Brunner/Werner Conze/ders. (Hrsg.), Geschichtliche Grundbegriffe, Stuttgart 1972 ND 1974, xv: „Der heuristische Vorgriff der Lexikonarbeit besteht in der Vermutung, daß sich seit der Mitte des achtzehnten Jahrhunderts ein tiefgreifender Bedeutungswandel klassischer topoi vollzogen, daß alte Worte neue Sinngehalte gewonnen haben, die mit Annäherung an unsere Gegenwart keiner Übersetzung mehr bedürftig sind. Der heuristische Vorgriff führt sozusagen eine ‚Sattelzeit' ein, in der sich die Herkunft zu unserer Präsenz wandelt."

108 *Koselleck*, Kritik und Krise (wie Anm. 83), 105 (Hervorhebung B.S.).

109 Ebd., 108.

110 Vgl. ebd., 111: „Der dem Menschen undurchsichtige göttliche Heilsplan wird zum Geheimnis geschichtsphilosophischer Planer."

111 Ebd.

Staates wird geplant und indirekt erstrebt, aber die Revolution erübrigt sich, denn der Staat fällt sowieso."[112]

Das einseitige Dazuhalten der Kritik nur gegenüber dem Prinzip der Moral, nicht aber hinsichtlich der Notwendigkeit politischer Planung habe zu einer Verschärfung der Krise geführt. Es sind in dieser Vorrevolutionszeit politische Pragmatiker wie Anne-Robert-Jacques Turgot gewesen, die für Koselleck ein Gegengewicht zur Hypokrisie darstellten und dessen „weitsichtig geplante" Zukunftskonzeption einen Zustand angestrebt hätte, in dem „den liberalen Bürgern einen ihren Forderung angemessene[n] Spielraum" gewährleistet worden wäre, „um Frankreich gleichsam das Jahrzehnt von 1789 bis 1799 zu ersparen."[113] Ebenso wie bei Hobbes sei sein Ziel die Verhinderung des Bürgerkriegs gewesen und er habe in der Unabhängigkeit Amerikas einen Schritt im globalen Fortschritt der Weltgeschichte gesehen. Gleichwohl hätte für Turgot das Element der Krise in diesem Prozess vor Augen gestanden, die es nur im Rahmen des Staates zu lösen galt. Das Hobbes'sche Vertrauen in die Macht des Staats und die Furcht vor dem Bürgerkrieg leiteten Turgots Plan, die Macht im Staat vom König auf eine nicht weiter bestimmte neue Herrschaftselite zu verlagern: „Die staatliche Ordnungsmacht bleibt zwar in den Händen der Fürsten, aber nicht der Fürst, sondern ‚man' entscheidet, was rechtens ist und was nicht. Mag der König immer entscheiden; man entscheidet, wann er nicht zu entscheiden hat. Das Gewissen bestimt den Ausnahmefall."[114]

Wenn auch nicht überdeutlich, so tritt doch ein Nebenfolgenbewusstsein bei Turgot zu Tage. Koselleck sieht in Turgots Vorschlag, der jedoch seine Grenzen kennt, eine Kritik am bestehenden absolutistischen Regime. Sie sei moralisch gegründet und ließe ihn so teilweise radikale Forderungen nach einer Neustrukturierung absolutistischer Macht stellen; doch sei seine Kritik nicht selbst absolut, sondern überwinde die Aufspaltung von Moral und Politik. Er strebe die moralische Reformierung der Politik an, vermeide aber den krisenbeschleunigenden Widerspruch, dass „die politischen Grundlagen dem absolutistischen Staat" weggezogen „und zugleich *diese* Konsequenz verschleiert" wird.[115] Turgot musste zwar als Minister gehen und die politische Handlungssphäre verlassen, doch

112 Ebd., 111f.

113 Ebd., 117.

114 Ebd., 123f.

115 Ebd., 124 (im Orig. kursive Hervorhebung leicht gesperrt, B.S.).

„solange er mit seinem unbequemen und rigorosen Moralismus den Ministersessel innehatte, trat für die kurze Zeitspanne seines Ministeriums die eigentliche aber verborgene Frage ans Tageslicht: herrschen tatsächlich die Gesetze der Gesellschaft oder weiterhin der absolutistische König, der vordergründig mit seinem Parlament im Streit lag.“[116]

So sei es Turgot gelungen, „die verborgene Sprengkraft der aufklärerischen Technik“ zumindest zeitweilig sichtbar zu machen, doch auch ihm gelang es nicht, dieser Nebenfolge mit dem ihm zur Verfügungen moralischen und politischen Interventionsmitteln effektiv beizukommen.[117]

So kommt es tatsächlich doch zu einer Revolution, deren Verlauf, der vor allem während der Terreur als katastrophisch, ansonsten aber mindestens als krisenhaft zu charakterisieren ist, den konservativen Skeptikern als Bestätigung ihrer Ängste vor der neuen Ordnung gelten konnte. Paradoxerweise hat kein Vertreter des ideengeschichtlichen Höhenkamms, den Koselleck hier abschreitet, die Revolution, wie sie dann schließlich stattfand, und die konsequente Vernichtung des Ancien Régime herbeigewünscht. Im Gegenteil, auch die Intellektuellen wurden von der geschichtlichen Dynamik der Nebenfolgen ihrer Absichten, die ihre Kritik erst ermöglichte und sozusagen auch verursachte, meist völlig überrascht. Der Intellektuelle wird bei Koselleck somit zu einem Träger von direkten Absichten, die so weitreichende Konsequenzen haben, ohne dass sie den historischen Verlauf zum beabsichtigten Guten bzw. zum nicht beabsichtigten Schlechten zu lenken in der Lage sind. Sehr deutlich wird dieser geistige Einfluss auf den historischen Prozess in der Person Jean Jacques Rousseaus, den Koselleck hier gleichsam antipodisch zu Thomas Hobbes ans Ende seiner Abhandlung stellt.

Mit Rousseau ist die Krise nicht nur virulent geworden, so könnte man in Anlehnung an Kosellecks pathologische Metaphorik des Geschichtsverlauf, sondern auch als solche von ihm diagnostiziert und benannt worden.[118] Er habe die Krise und ihren Grund, den Dualismus von Moral und Staat, zwar erkannt, habe aber keine Revolution gewollt. Trotzdem, so Koselleck, sei die Revolution gerade durch seinen Kampf gegen den Dualismus angetrieben worden. Rousseau sei sozusagen im dialektischen Prozess der Aufklärung selbst ein passiver Teilnehmer gewesen, womit

116 Ebd., 129.

117 Ebd., 132.

118 *Jean Jacques Rousseau*, Émile ou De l’éducation. Paris 1817, II, 69: „Nous approchons de l’état de crise et du siècle des révolutions.“

sich innerhalb dieser Dialektik eine List der Vernunft durchsetzen konnte, was man auch als Nebenfolge des Rousseau'schen Aufklärungsbemühens bezeichnen kann.

> „Rousseau, der die Revolution, die er herannahen sah, immer gefürchtet hat, hat auch als erster den säkularen Dualismus als Fiktion durchschaut. Und dennoch hat Rousseau, indem er die aufgeklärte Moral mit dem Staat vereinen wollte, mit dieser Staatskonzeption wie kein zweiter der Revolution den Weg bereitet. Auch er bleibt verstrickt in der Dialektik der Aufklärung, die proportional zum Prozeß der Entlarvung sich ihren politischen Sinn verdunkelt. Gerade Rousseau war bei aller politischen Scharfsinnigkeit, die er bewies, der utopischen Fiktion erlegen, der die Aufklärer in ihrem hypokritischen Stadium nachgejagt waren."[119]

Geradezu die ganze Nebenfolgenlast der katastrophischen Auswirkungen der Aufklärung wird Rousseau von Koselleck aufgebürdet. Ein tragisch-mythologisches Motiv, die Öffnung der Büchse der Pandora, ist das Leitthema dieser Auseinandersetzung mit Rousseaus Gesellschaftstheorie, die gleichzeitig das höchste Ziel der Aufklärung, die Gleichheit in Freiheit, verfolgt, dabei aber den totalen Staat der völligen Kontrolle erst ermöglicht. Beschrieben wird das wiederum in einer Paradoxie, dieses Mal jener der *volonté générale*, die in der Absolutheit desselben begründet liegt. Dem Staatsvolk wird ein gemeinsamer Wille zugesprochen, der keine Ausnahme kennt. Doch sei gerade dieser Gemeinwille, der über eine absolute und metaphysisch gegebene moralische Autorität verfügt, allein selbst schon eine Ausnahme, ja sogar „die Ausnahme schlechthin".[120] Rousseau stelle den absoluten Willen des Volks gegen den individuellen Willen des einzeln Herrschenden: „Die Individuen können irren, die Volonté générale nie."[121] Doch gerade diese Einschränkung des individuellen Willens, die gegen die Willkür „absoluter" Herrschafts- und Entscheidungsgewalt des Monarchen gerichtet ist, führe dazu, dass *alle* Individuen unter diesen allgemeinen Zweifel fallen: „Die rationale Totalität des Kollektivs und ihrer Volonté générale erzwingt daher eine ständige Korrektur der Wirklichkeit: der lebenden Individuen nämlich, die in das Kollektiv noch nicht aufgegangen sind."[122] Der „gute" Wille des Volkes („von dem es selbst nichts weiß") findet jedoch zunächst keine politische Vollstreckung, sondern wird einfach nur frei gesetzt. Die Einhegung dieser Anarchie

---

119 *Koselleck*, Kritik und Krise (wie Anm. 83), 135.

120 Ebd., 137.

121 Ebd.

122 Ebd.,

erfordere aber die metaphysische Verwirklichung der *volonté générale* und die stelle der totale Staat, und zwar paradoxerweise unter *einem* Führer dar: „Die Souveränität von Rousseau“, so schreibt Koselleck unter Beruf auf Carl Schmitt, „enthüllt sich damit als eine permanente Diktatur.“

Doch gerade diese paradoxe Nebenfolge, die durch die Befreiung des absoluten Gemeinwillens ermöglicht wurde, erfordere – und hier wiederholt sich einmal mehr der Mechanismus der Verbergung – wie im Übergang zur absolutistischen Herrschaft bei Hobbes, dass der Führer seinen Status als absoluter Fürst durch und über den allgemeinen Willen des Volks versteckt. Bezeichnenderweise nennt Koselleck dies den Machiavellismus in der Aufklärung, die nur als solche herrscht, „indem sie ihre Herrschaft verdunkelt“.[123] Macht wird nun nicht mehr politisch legitimiert, indem man durch ihre, auch unmoralische Anwendung einem höheren Zweck wie z. B. der Verhinderung oder Beendigung des Bürgerkriegs dient, sondern in der Aufklärung kehre sich Macht moralisch um. Der Terror und die Ideologie der Revolution sind die Instrumente, die Krise weiter zu perpetuieren und durch die aus ihr folgenden Unsicherheit „die Diktatur, den Ausnahmezustand verewigt“. Souverän sei demnach derjenige, der über den Ausnahmezustand herrscht – und damit, so Koselleck in indirekter Anspielung auf Schmitt, der Souverän, der „immer schon das [ist], was er sein soll“.[124]

Damit tut Rousseau aber genau das, was er nicht will. Er hält nicht nur Herrschaft des Einzelnen für unmöglich, sondern auch den Staat, der den Menschen, der von Natur aus ja nun gut und unschuldig ist, korrumpiert und dazu zwingt unmoralisch zu sein. So wird der Staat als solcher herausgefordert und seine Existenz in Frage gestellt. Doch ohne Staat wird genau jener Ausnahmezustand herbeibeschworen, der die Freiheit des Individuums massiv untergräbt und systematisch dessen physische Sicherheit und Existenz aufs Spiel setzt. Das „Entweder-Oder“ zwischen Moral oder Staat erweist sich als auswegslos.[125] Rousseau verkörpert in seiner Haltung zum dualistischen Absolutismus die Krise der Kritik und legitimiert so unabsichtlich den historischen Prozess, in dem die ungewollten Nebenfolgen der Kritik ihre gewollten Folgen überrunden und aushebeln. „Die Krise wird zum moralischen Prozeß.“[126] Die

123 Ebd., 139.
124 Ebd.
125 Ebd., 144.
126 Ebd., 146.

Tragik der Moderne bestehe darin, dass man Rousseaus Absolutismus in der Kritik nicht erkannte und die Krise somit verstetigte. Denn die „Fragwürdigkeit der kritischen Sitiuation“ wurde beseitigt, „die Krise verschleiert und durch die Verschleierung verschärft“: „Die Verdeckung der Krise als einer politischen Krise ist ihre Verschärfung, wie sie gerade in der Verschärfung verdeckt bleibt.“[127] Analog zur Verdrängung der Moral aus der Politik unter der absolutistischen Herrschaft scheitere die Aufklärung nun daran, dass sie die Krise als politische Krise verdeckte, also die Politik aus der Moral verdrängte.

Die Herrschaft der Revolution war somit, folgt man Koselleck weiter, unpolitisch. Sie verfolgte nicht das Ziel der „guten Regierung“, Frieden zu erhalten und zu schaffen bzw. in Kosellecks und Schmitts Emphase: den Bürgerkrieg unter allen Umständen zu verhindern oder zu beenden. Die Revolution nahm Zuflucht unter dem Deckmantel der Moral und der vermeintlichen Sicherheit zu wissen, was richtig und was falsch sei. Ihre Absicht lag nicht in der Durchsetzung des absoluten politischen Prinzips des friedlichen Zusammenlebens, sondern in der Durchsetzung des absoluten moralischen Prinzips des Gemeinwillens. Die moralische „Hypokrisie“ nahm damit ihre eigentliche *raison d'être*, die permanente Krise als Nebenfolge, bewusst in Kauf. Sobald die Krise beendet würde, wäre auch der Absolutheitsanspruch der Moral angesichts der politischen Notwendigkeiten nicht mehr haltbar gewesen. Der Dualismus zwischen Moral und Politik musste qua Kritik ebenso wie die damit einhergehende Krise künstlich am Leben erhalten werden. Die von der Französischen Revolution angestoßene Krise trat so in ihr chronisches Stadium. Nur so konnte die „Pathogenese der bürgerlichen Welt“ ihren weiteren Verlauf durch das 19. Jahrhundert erleben.

127 Ebd.

Luther, die Bauern und der Teufel

Die Revolution als Nebenfolge der Reformation

In der Tabellengeschichte von Christoph Helwig aus dem Jahre 1618, die mit dem Titel *Theatrum historicum* beansprucht, einen umfassenden, synoptischen Überblick über die Weltgeschichte von den Anfängen bis in die neuere Zeit zu bieten, findet sich neben dem Eintrag „Martinus Lutherus", der in der Vielzahl von Lemmata im Raster der Tabelle durch ein großes eingeschobenes Ornament, mit großen Buchstaben und außerdem durch eine eigens für ihn eingerichtete Kategorie hervorgehoben ist, eine Spalte, die mit „Alii Fanatici Haeresiarchae" („Andere fanatische Häresieanführer") überschrieben ist.[128] In dieser Spalte tauchen um das Jahr 1525 zwei Namen auf: Nicolaus Storch und Thomas Müntzer, die nur mit dem Zusatz „Anabaptistae", einer polemischen Bezeichnung für die reformatorische Bewegung der Täufer, näher gekennzeichnet werden. Welcher Bruch verbirgt sich hinter dieser antipodischen Gegenüberstellung? Was veranlasste Helwig in einem zwar heute in Vergessenheit geratenen, aber für das 17. Jahrhundert sehr einflussreichen Geschichtswerk, die beiden deutschen Propheten und Bauernführer nicht wie andere Kontrahenten des großen Reformators wie Ulrich Zwingli, Andreas Bodenstein aus Karlstadt oder Johannes Oekolampadius in die Spalte der „Sacramentarii" zu platzieren? Wie ist diese deutliche Ausgrenzung von Storch und Müntzer, die doch viele Ziele mit Luther teilten und zu einem hohen Maße vor allem von Letzteren mit theologischen Argumenten unterstützt wurden, aus dem engeren Kreis der Reformationsbewegung zu erklären?

Zunächst sei im Folgenden auf die historischen Umstände verwiesen, in denen die genannten Akteure auftraten. Beiseite treten sollen an dieser Stelle die Motive des Autors der Tabellengeschichte, Christoph Helwig, der als Lutheraner durchaus konfessionspolitische Absichten mit der deutlichen Trennung in orthodoxe und he-

128 *Christoph Helwig*, Theatrum historicum Sive chronologiae systema novum [...]. Gießen: Nicolaus Hampelius, 1618, fol. T a; vgl. dazu *Benjamin Steiner*, Die Ordnung der Geschichte. Historische Tabellenwerke in der Frühen Neuzeit. Köln/Weimar/Wien 2008, 144–152.

DOI 10.1515/9783110405019.71

terodoxe Religionsführer verfolgte. Mit der Darstellung des Verhältnisses von Luther zu den „Häretikern“ Nicolaus Storch und dem bedeutenderen Thomas Müntzer, soll die Nebenfolgenkonstellation erläutert werden, wodurch die bei Helwig im Vordergrund stehende Ausgrenzung der beiden Persönlichkeiten als Reaktion auf unbeabsichtigte Nebenfolgen in der lutherischen Geschichtsschreibung plausibler erscheinen dürfte.

Auf die Bedeutung der Luther'schen Thesen vom 31. Oktober 1517 und die um ihren angeblichen Anschlag an die Türen der Wittenberger Schlosskirche betriebene, eschatologisch eingerahmte Heldenhistoriographie, in der Luthers Restauration des Evangeliums als letzte Reinigung vor dem Weltende gilt, hat die Forschung zur Reformationsgeschichte oftmals hingewiesen.[129] Es steht aber fest, dass die in den Thesen geäußerte Kritik an der Ablasslehre und -praktik, die vor allem vom Magdeburger Erzbischof und späteren Mainzer Kardinal Albrecht von Brandenburg und seinem Gesandten Johann Tetzel in Sachsen betrieben wurde, in der Folge die als Reformation bekannte Bewegung auslöste, welche nicht nur Gelehrte, sondern auch die breitere Bevölkerung gegen die alte kirchliche Ordnung mobilisierte. Martin Luther unterwanderte mit diesem Angriff auf die geistlichen Autoritäten, denen auch er als Angehöriger des Augustinerordens unterstand, das System der römischen Kirche insofern, als er auf dessen Ursprünge und Grundwerte selbst, nämlich die Geschichte des Evangeliums und die Formationsphase der Religion im Frühchristentum verwies.

Ein Kernpunkt der Kritik, welcher sich in der Folge als der nebenfolgenreichste Aspekt der lutherischen Reformation erweisen sollte, war die seit Konstantin im römischen Papsttum etablierte Koinzidenz von geistlicher und weltlicher Herrschaft, die, nach Ansicht vieler Reformatoren, einer Abkehr von den apostolischen und paulinischen Idealen gleichkam. Spätestens seit Ulrich von Hutten die Beweisführung Lorenzo Vallas aus dem 15. Jahrhundert gegen die Authentizität der Konstantinischen Schenkung verbreitete und in der konfessionellen Polemik instrumentalisierte, war die Kritik an der historischen Legitimation der weltlichen Herrschaft

129 Vgl. *Matthias Pohlig*, Luthers Thesenanschlag von 1516 (!) und seine prophetische Legitimation. Georg Mylius' Gedenkpredigt von 1592, in: Geschichte schreiben. Ein Quellen- und Studienhandbuch zur Historiografie (ca. 1350–1750), hrsg. v. Susanne Rau und Birgit Studt, unter Mitarbeit von Stefan Benz, Andreas Bihrer, Jan Marco Sawilla und Benjamin Steiner. Berlin 2010, 501–507.

durch die Kirche auch in Deutschland popularisiert worden.[130] Und auch die These, die der Schlettstädter Theologe und Historiker Paul Constantin Phrygio 1534 vertrat, dass es erst der byzantinische Kaiser Phokas im Jahre 610 war, der den Bischof von Rom zum Oberhaupt der gesamten christlichen Ökumene ernannt habe, unterbrach die kirchengeschichtliche Kontinuität und widersprach somit auch der Rechtfertigungsnarrative der päpstlichen Nachfolge Petri.[131] Im Prinzip ist für Luther schon der Anspruch auf weltliche Herrschaft nicht legitim. In diesem Sinne schließt seine Zwei-Reiche-Lehre, in der das augustinische Erbe in der Reformation anklingt, an die im Frühchristentum nicht absehbare Entwicklung der Kirche hin zu einem weltlichen Herrschaftsinstrument kritisch an.[132]

Nun fiel jedoch Luthers Kritik an der Vermischung der zwei Reiche in eine Zeit der sozialen Unruhen und der politischen Krisen im Alten Reich. Von Anfang an sah sich der Reformator mit dem strukturellen Problem konfrontiert, dass weltliche Interessen stets mit denen der religiösen Erneuerung im Konflikt lagen. Eine unbeabsichtigte Nebenfolge war somit, dass Luthers Ruf nach einer Revision der geistlichen Herrschaftsordnung ebenso als Aufruf verstanden wurde, auch die Legitimität der weltlichen Obrigkeiten in Frage zu stellen.[133] Dieser Umstand, dass die sozial- und wirtschaftspolitisch prekäre Lage sowohl den Erfolg der Reformation als auch ihr, im Sinne Luthers größtes Missverständnis bedingte, ist der grundsätzliche Widerspruch in der ersten Phase der Reformation, der zu ihrer ersten fundamentalen Krise führte.

Im Zentrum dieses Kapitels steht deshalb neben Luthers Reformation der Große

---

130 Vgl. dazu vertiefend *Riccardo Fubini*, Humanism and Truth: Valla Writes against the Donation of Constantine, in: JHIdeas 57 (1996), 79–86, und *David M. Whitford*, The Papal Antichrist: Martin Luther and the Underappreciated Influence of Lorenzo Valla, in: Renaissance Quarterly 61 (2008), 26–52.

131 Vgl. *Paul Constantin Phrygio*, Chronicum regum regnorumque omnium catalogum [...]. Basel: Iohann Hervagius, 1534, 362, der sich auf Paulus Diaconus und Flavio Biondo bezieht. Vgl. dazu *Steiner*, Tabellenwerke (wie Anm. 1), 93 f.

132 Vgl. *Volker Mantey*, Zwei Schwerter – Zwei Reiche. Martin Luthers Zwei-Reiche-Lehre vor ihrem spätmittelalterlichen Hintergrund. Tübingen 2005.

133 Diese Nebenfolge ist von Historikern oftmals beiläufig erkannt worden, jedoch nicht als solche im strukturgeschichtlichen Sinn interpretiert worden. Vgl. z. B. zur Widerstandsrechtsdiskussion bei den Protestanten *Gabriele Haug-Moritz*, „Ob wir uns auch mit Gott / Recht und gutem Gewissen / wehren mögen / und Gewalt mit Gewalt vertreiben?“ Zur Widerstandsdiskussion des Schmalkaldischen Krieges 1546/47, in: Luise Schorn-Schütte (Hrsg.), Das Interim 1548/50: Herrschaftskrise und Glaubenskonflikt. Gütersloh 2005, 488–509, hier 495; vgl. auch *Johannes Heckel*, Widerstand gegen die Obrigkeit? Pflicht und Recht zum Widerstand bei Martin Luther, in: Arthur Kaufmann (Hrsg.), Widerstandsrecht. Darmstadt 1972, 114–134.

Bauernkrieg von 1525, da dieser ein entscheidendes Ereignis sowohl in der sozialgeschichtlichen Entwicklung im Reich als auch in der politischen Genealogie der Reformation darstellt.[134] In der Haltung zu den Motiven der aufständischen Bauern setzte Luther nämlich seine Kritik an der Vermengung von weltlicher und geistlicher Herrschaft fort, ohne jedoch dabei zu sehen, dass die Empörung der Untertanen gegen ihre Herren – waren es nun weltliche oder geistliche Stände – seine Reformation des Christentums erst so erfolgreich ermöglicht hatte. Wenngleich Luther es nicht beabsichtigt haben mag, seine Kritik an der Kirche und an ihrer weltlichen Macht gleichzusetzen, kam es doch dazu, dass nicht nur diese kirchliche Macht im Speziellen, sondern dass auch generell Macht über Andere mit einem ganz neuen Bewusstsein für Legitimität in Frage gestellt wurde. Reformation und Bauernkrieg waren zunächst zwei von einander entkoppelte, ganz verschieden motivierte Einzelphänomene der Zeitenwende um 1500, die sich dann jedoch unter den gegebenen, für beide Bewegungen günstigen Bedingungen miteinander verbanden. Diese Verbindung war jedoch nur temporär und der Bruch zwischen Martin Luther und Thomas Müntzer, den Helwigs Tabellen so anschaulich abbilden, war symptomatisch für die grundsätzlich konträren Interessen und Absichten der sozial-weltlichen Aufständischen und der Reformatoren.

Man kann den Großen Bauernkrieg als nordeuropäisches Epiphänomen verstehen, das in der Folge sowohl im negativen als auch im positiven Sinne auf die Vorbilder der großen religiös und politisch motivierten Sozialaufstände des 14. und 15. Jahrhunderts Bezug nehmen konnte. Die Parallelität der Kritik an der Autorität der Kirche und den Erhebungen gegen die bestehende politische Ordnung ist im

134 Vgl. zum Bauernkrieg v.a. *Peter Blickle*, Der Bauernkrieg. Die Revolution des Gemeinen Mannes. 3. Aufl. München 2006; *ders.*, Die Revolution von 1525. 4. Aufl. München 2004; *Horst Buszello* [u.a.] (Hrsg.), Der deutsche Bauernkrieg. 3. Aufl. Paderborn [u.a.] 1995; *Johannes Burkhardt*, Frühe Neuzeit. 16.-18. Jahrhundert. Königstein, Ts. 1985, 61–66. Auf den Zusammenhang von Bauernkrieg und Reformation hat v.a. die marxistische und Sozialgeschichtsschreibung der 60er und 70er Jahre in Bezug auf Friedrich Engels These, die Reformation sei der erste und entscheidende Akt der frühbürgerlichen Revolution in Deutschland gewesen, hingewiesen; vgl. dazu kritisch *Thomas Nipperdey*, Die Reformation als Problem der marxistischen Geschichtswissenschaft, in: Reformation, Revolution, Utopie. Studien zum 16. Jahrhundert. Göttingen 1975, 9–38; ein Beispiel der DDR-Geschichtsschreibung stellt *Adolf Laube/Max Steinmetz/Günter Vogler* (Hrsg), Illustrierte Geschichte der deutschen frühbürgerlichen Revolution. Ost-Berlin 1974, dar; vgl. grundlegend für die These *Max Steinmetz*, Die dritte Etappe der frühbürgerlichen Revolution. Der deutsche Bauernkrieg 1524 bis 1526, in: *Rainer Wohlfeil* (Hrsg.), Der Bauernkrieg 1524–26. Bauernkrieg und Reformation. Neun Beiträge. München 1975, 65–90.

England John Wycliffs und Wat Tylers während des *Great Rising* von 1381 ebenso hervorzuheben wie in Böhmen die Bewegung der Taboriten als einer sozialradikalen Fraktion der Hussiten, die religiöse Kritik als Legitimation für eine apokalyptisch-säkulare Neuordnung umdeuteten.[135] Schließlich hat auch der florentinische Bürgerhumanismus des Quattrocento, der in Reaktion auf die Krise des Kaiser- und Papsttums im ausgehenden Spätmittelalter die Idee der republikanischen *libertà* ausbildete[136], die politische Reform des deutschen Gemeindewesens sowie die Theologie der Reformatoren maßgeblich beeinflusst.[137] Die Genese politischer Ideen in der Renaissance in Italien, England und Frankreich, die zur Umwälzung der weltlichen Ordnung in ganz Europa führte, sowie die Herausbildung der theologischen Reformation in Deutschland, welche den intellektuellen Problemen der scholastischen Ordnung in der mittelalterlichen Welt eine „schismatische Lösung" entgegenstellte, bilden im Grunde, so hat Anthony Levi gezeigt, eine kontinuierliche Einheit in der Entwicklung der europäischen Kultur.[138]

Was in dieser Zeit der neuen Ideen nun den Memminger Bauern bei der selbstständigen Formulierung eigener Freiheits- und Autonomiegedanken in dem berühmten Flugblatt der *Zwölf Artikel der Bauernschaft in Schwaben* an den obrigkeitlichen Schwäbischen Bund im Jahre 1525 zur Hilfe kam, war nicht nur die Möglichkeit medialer Aufnahme und Verbreitung solchen Gedankenguts[139], sondern auch, wie die Autoren der Artikel meinten, die religiöse Legitimation durch die reformatorischen Schriften Martin Luthers. Diese Artikel stellten in den Worten Gerhard Ritters eine „treuherzig klingende, von klugen Führern wohlerdachte Verbindung evangelischer und sozialpolitischer Forderungen" dar, die „den Strom der allgemeinen Bewegung" vollends unaufhaltsam werden ließen; „jetzt endlich hatte man ein

135 Vgl. *Reinhard Schwarz*, Die apokalyptische Theologie Thomas Müntzers und der Taboriten. (Beiträge zur Historischen Theologie 55) Tübingen 1977.

136 Vgl. *Hans Baron*, The Crisis of the Early Italian Renaissance. Civic Humanism and Republican Liberty in an Age of Classicism and Tyranny. Princeton 1966.

137 Vgl. *Peter Blickle*, Reformation und kommunaler Geist. Die Antwort der Theologen auf den Verfassungswandel im Spätmittelalter. München 1996, bes. 14f.; *ders.*, Kommunalismus, Parlamentarismus, Republikanismus, in: HZ 242 (1986), 529–556.

138 Vgl. *Anthony Levi*, Renaissance and Reformation. The Intellectual Genesis. New Haven/London 2002, hier 1; vgl. auch *Diarmand MacCulloch*, The Reformation. A History. London 2003, 76f.

139 Vgl. zu diesem medialen und informationellen Aspekt der Reformationsgeschichte *Johannes Burkhardt*, Das Reformationsjahrhundert. Deutsche Geschichte zwischen Medienrevolution und Institutionalisierung, 1517–1617. Stuttgart 2002, bes. 64–77.

deutlich formuliertes Ziel, ein alle mitreißendes allgemeines Programm".[140] Doch gerade die Interpretation der Bauern, dass sich aus der Schrift ergebe, wie es im dritten Artikel der Erklärung heißt, „das wir frey seyen vnd woellen sein", oder dass, wie im siebten Artikel gefordert wird, „der herr soll jn [den Bauern] nit weiter zwyngen noch dryngen, mer dyenst noch anders vom jm umb sunst begeren, darmit der baur solchen guott onbeschwert, also rüeblich brauchen vnd niessen müg", stieß nicht auf die Zustimmung Luthers, dem die Bauern im zwölften Artikel indirekt und höflich zurückhaltend das letzte Wort über die Gültigkeit und Rechtmäßigkeit der Forderungen erteilen:

> „Zum zwelften ist vnser beschluß vnd endtlyche maynung, wann ainer oder mer artickel, alhie gesteldt (so dem wort gotes nit gemeß) weren, als wir dann nit vermainen, die selbigen artickel wol man vns mit dem wort gots für vnzimlich anzaigen, wolt wyr daruon abston, wann mans vns mit grundt der schrifft erklert."[141]

Aus diesen Worten spricht deutlich das Vertrauen, das die Bauern nicht nur in die theologische Rechtmäßigkeit der reformatorischen Kritik, sondern auch in die politische Haltung Luthers zu ihren Gunsten setzten. „Im Mittelpunkt der deutschen Revolution", so charakterisiert Ritter die bäuerliche Erwartungshaltung, „steht der religiöse Prophet."[142] Der Bauernaufstand wurde gerade wegen der inhärenten Verknüpfung allen Religiösen und Politischen, gerade weil das Fundament der frühneuzeitlichen Gesellschaft auf dem Glauben beruhte, durch den Thesenanschlag zu Wittenberg erst möglich.[143] Es ist somit auch aus politischen Erwägungen kein Wunder, dass die Massen Luthers Aufruf auch mit einer Kritik an der Obrigkeit folgen wollten. Die Ursache für das Paradox, dass Luther genau diese Konsequenz auf seine Kirchenkritik nicht erwartete, lag jedoch in Luthers *un*politischem Denken:

---

140 *Gerhard Ritter*, Luther der Deutsche. München 1935, 140f.

141 Vgl. *Blickle*, Revolution (wie Anm 134), 24–104 zu den wirtschaftlichen, politischen und sozialen Hintergründen sowie zur Aus- und Verbreitung der Zwölf Artikel; ein Abdruck der Artikel findet sich ebd., 321–327; zur Vorgeschichte des wachsenden Widerstandsbewusstsein der Bauern um 1500 vgl. *Will-Erich Peuckert*, Die große Wende. Das apokalyptische Saeculum und Luther. Hamburg 1948, 64–75,

142 *Ritter*, Luther (wie Anm. 140), 134.

143 An diesen Zusammenhang erinnert u.a. nochmals *Denis Crouzet*, Ira Dei super nos: le révélateur de la piété panique de 1583, in: Les Guerriers de Dieu: La violence au temps des troubles de réligion (vers 1525 – vers 1610). Paris 1990, 287–310; engl. Übers. v. James B. Collins in: ders. / Karel L. Taylor, Early Modern Europe. Issues and Interpretations. Malden, MA/Oxford/Victoria 2006, 90–100.

„Er selber ohne Hoffnung, mit seiner Predigt den dumpfen Haß der Menge zu zerstreuen, ja innerlich überzeugt von dem guten Grund dieses Hasses, anklagend, drohend gegen die Schuldigen und doch nicht gewillt, den Aufruhr zu predigen: eine Agitation, die *im selben Atem die Masse aufreizt und auf geduldiges Leiden* verweist: in der Tat eine Erscheinung, so paradox wie die religiöse Idee selber, die sie vertrat: bewundernswert konsequent in ihrem eigensten Bereich – voll seltsamer Widersprüche, ja ein Rätsel in den Augen dieser Welt."[144]

Mit diesen Worten versucht Ritter, die merkwürdige Gleichzeitigkeit einer Protestidee zu entwirren, die in Luther zunächst ein agitatorisches Potential entfaltete, wodurch er wirkungsvoll die Festen der alten Kirche ins Wanken zu bringen in der Lage war, ihn dann aber, der Eigenlogik seiner Lehre folgend, dieses Potential wiederum negieren ließ. Es erscheint widersinnig, zunächst Kritik an der eigentlichen Heiligkeit der Kirche zu exerzieren, in deren Ausübung der junge Mönch plötzlich zum welthistorischen und politischen Akteur wurde, aber dann im zweiten Schritt, als es um die Kritik an minder sakrosankten Autoritäten ging, sich auf einmal auf die strikte Trennung von Religion und Politik zu berufen.

Im Verhältnis Luthers zu den Täufern und Thomas Müntzer tritt diese Diskrepanz noch deutlicher zu Tage. Die Grundgedanken Müntzers waren als Fortführung mitteralterlich-mystischer Traditionen und Übersteigerung lutherischer Ideen zu einem religiösen Subjektivismus zunächst nur auf ein Gottesreich ausgerichtet, das seinem Wesen nach von rein geistiger Art war. Doch die Bauernschaft versteifte sich aufgrund dieser utopisch-chiliastischen Ausrichtung der Müntzer'schen Predigten viel mehr noch als aufgrund der lutherischen Lehre auf zähen Widerstand gegen alle Obrigkeit. Müntzer rief zum weltlichen Umsturz auf, das Evangelium solle gewaltsam befreit werden, „die gottlosen Tyrannen, die Fürsten und Herren, mitsamt ihren ‚Schriftgelehrten' vom Stuhl" gestoßen, dem Volk solle die Gewalt zurückgegeben werden, „die ihm von Rechts wegen gebühre – der Aufruhr, mit einem Wort, zur sozialen Empörung mit religiösem Ziel!"[145] Das Tausendjährige Reich, das Müntzer durch die einmal in Gang gekommene Widerstandsbewegung der Bauern gegen die Fürsten nach einer endzeitlichen Entscheidungsschlacht in nächste Nähe gerückt sah, sollte sich jedoch nicht verwirklichen. Nach der Schlacht bei Franken-

144 *Ritter*, Luther (wie Anm. 140), 133 (Hervorhebungen B.S.).

145 Ebd., 137.

hausen am 15. Mai 1525 war das Bauernheer besiegt und grausam von den besser bewaffneten Fürstenheeren vernichtet worden.[146]

Für Luther gleichwohl war diese Mischung von „unecht-demagogischer Demut“ der Bauern und geistlichem Hochmut der Prediger, wie sie von Karlstadt in Wittenberg vor den Bilderstürmern und vollends durch den „Satan von Allstädt“, Thomas Müntzer, praktiziert wurde, der Auslöser, gänzlich mit der Sache der Bauern zu brechen. Dies erschien ihm nun, nach der verheerenden und vollständigen Niederlage der sozialen Revolution als eine von außen aufgezwungene Notwendigkeit. Denn aus verschiedenen Richtungen, wie beispielsweise von Autoren wie Cochläus, wurde Luther die Verantwortung für den Aufruhr und tausendfachen Tod der verführten Bauern übertragen.[147] Allerdings hätten Irrlehrer wie Müntzer, so Ritter, „gehofft und praktisch versucht“, „ihre Reformideen mit Hilfe des großen Aufruhrs zum Siege zu führen“; allerdings „gegen Luther, der niemals daran dachte, zu solchen Mitteln zu greifen“.[148] Für Ritter offenbart sich hier die Nebenfolgenproblematik, mit der sich Luther und Historiker der Reformation konfrontiert sehen, klar und deutlich: „Aber was den Gang der Geschichte bestimmt, ist nun einmal nicht bloß unser Wollen, sondern mehr noch die *ungewollte Wirkung* unseres Handelns“.[149]

Dieses Bewusstsein für die Nebenfolge muss wohl auch Luther bestimmt haben, als er in Reaktion auf die Niederschlagung des Bauernheers bei Frankenhausen sein berüchtigtes Pamphlet *Wider die räuberischen und mörderischen Rotten der Bauern* verfasste, seine „furchtbarste Kampfschrift“ (Ritter), worin er die maßlose Gewalt der Fürsten über die Bauern nachträglich guthieß. Darin forderte er dazu auf, die Bauern, die nicht hören wollen, „aufzukneuffeln [...] mit Büchsensteinen, daß die Köpfe in die Luft sprungen“; „zu solchen Schülern gehört eine solche Rute. Wer Gotts Wort nicht will hören mit Güte, der muß den Henker hören mit der Schärpfe.“ Und dann: „So soll nun die Obrigkeit hie getrost fortdringen und mit gutem Gewissen dreinschlagen, dieweil sie eine Ader regen kann.“[150] Diese Worte haben Historiker immer wieder dazu veranlasst, bei Luther einen „ordnungstheologischen Konservativismus“ zu diagnostizieren, der letztlich auch für das Scheitern einer liberalen politi-

146 Vgl. dazu *Thomas Kaufmann*, Geschichte der Reformation. Frankfurt am Main/Leipzig 2009, 495f.

147 Vgl. ebd., 497.

148 *Ritter*, Luther (wie Anm. 140), 138.

149 Ebd. (Hervorhebung B.S.)

150 *Martin Luther*, Wider die räuberischen und mörderischen Rotten der Bauern (1525), in: D. Martin Luthers Werke. Kritische Gesamtausgabe, „Weimarer Ausgabe“ (kurz: WA), 18 (1908), 357–361, hier: 357.

schen Idee in Deutschland verantwortlich war, das sich in den folgenden Jahrhunderten noch so oft wiederholen sollte. So schreibt Thomas Kaufmann:

> „In den gemeindereformatorischen Aneignungen der Bauern oder der von Karlstadt beeinflußten Kreise sah Luther größere Gefahren für das Evangelium, wie er es verstand, als im Handeln der Fürsten und weltlichen Obrigkeiten. Im Sinne Luthers zielte sein literarischer Kampf gegen die bäuerliche Reformation auf die Freiheit des Evangeliums ab; bei den Fürsten sah er sie eher gewahrt als bei denen, die bisher keine politische Macht hatten und nach solcher strebten. Seit 1525 konnte es Zweifel an Luthers unter den Bedingungen seiner Zeit politisch höchst zweckrationaler Loyalität gegenüber dem Landesfürstentum eigentlich nicht mehr geben.“[151]

Doch erlaubt der Blick auf diese Entscheidung Luthers gegen die Bauern in Rücksicht auf die Phänomenologie der Nebenfolge eine alternative Erklärung. Liest man in der Rottenschrift weiter, so bemerkt man zwar die Bitterkeit, die Luther über die Bauern und ihren Aufstand verspürte, wenn er schreibt,

> „das sie sie silche schreckliche, grewliche Sunde mit dem Evangelio decken, nennen sich Christliche Bruder, nemen eyd und hulde und zwingen die leutte, zu solchen greweln mit yhnen zu halten, da mit sie die alle großten Gottslesteren und schinder seynes heyligen namen werden und ehren und dienen als dem teuffel unter dem scheyn des Evangelij, daran sie und zeehn mal den tod verdienen an leib und seele, das ich hessliche sunde nie gehoret habe“.[152]

Doch kann man in der Erwähnung des Teufels, dem Luther hier als den Anstifter der aufständischen Bauern ausmacht, ein Element seiner kompensatorischen Narrative für diese Nebenfolgenparadoxie erkennen. Auch Luther scheinen der Jüngste Tag und das Ende der Welt nahe und er mutmaßt, dass Gott es sei, der „den teuffel“ ermächtigt habe, „alle ordnung und obrigkeit [zu] zerstören und die wellt ym eynen wüsten hauffen [zu] werffe“; die Paradoxie der „wunderliche[n] zeyten“, in denen „eyn Fürst den hymel mit blutvergissen verdienen kann, bas denn andre mit beten“, kommt ihm als Ausdruck dessen vor, dass die Bauern dem „teuffel das welltlich reich“ überlassen und „dafur das ewige reich“ erreichen.

Für Luther ist das Streben zum Reich Gottes mit Hilfe des Teufels aber kein legitimer Akt. Er akzeptiert nämlich die weltliche Herrschaft als von Gott gewollt und

151 *Kaufmann*, Reformation (wie Anm. 146), 500f.

152 *Luther*, Rotten (wie Anm. 150), 358.

belegt das anhand einiger Bibelstellen (Luk 20,25; Röm 13,1; 1. Petri 2,13). Jeder Widerstand gegen die gottgesetzten Gewalten ist somit ein Akt gegen Gott, der nur durch die Manipulation des Teufels so scheinen kann, als sei er im Sinne Gottes bzw. des Evangeliums. Das ist jedoch nicht der Fall: Die Idee, dass weltlicher Widerstand im Sinne des Evangeliums ist, sei eine Idee des Teufels, mit dem die Bauern nach Luther ein fatales Bündnis eingegangen seien. Darin liegt die Raffinesse der Logik der Argumente des Teufels. Er wandelt die von Luther unbeabsichtigte Nebenfolge überhaupt erst zu einer zu realisierenden Handlungsoption und kehrt seinen Willen in sein ungewolltes Gegenteil: „Der Teufel ist ein solcher ebentheuriger Künstler und behender Meister", so Luther später in einer seiner „Tischreden", „daß er auch meine allerbesten Werk und Gerechtigkeit zu den allergrößesten Sünden machen kann."[153]

Der Luther'sche Teufel kann mithin als Metapher für die Nebenfolge gelesen werden. Die selbstreflexive Unterminierung ihrer Grundlagen durch die Nebenfolge läuft ähnlich geschickt ab, wie Luther die Argumente des Teufels beschreibt, die ihn in seinen nächtlichen Zwiegesprächen in der Kammer auf der Wartburg beinahe dazu brachten, seine Grundidee der Reformation der Kirche aufzugeben.[154] Man

153 *Martin Luther*, Tischreden, 1434: Der Teufel kann wohl aus guten Werken Sünden machen, in: Martin Luther, Sämmtliche Werke, hrsg. v. Johann Konrad Irmischer, „Erlanger Ausgabe" (kurz: EA). Frankfurt am Main/Erlangen 1854, Bd. 59, 328. Dass Luther mit den Verführten eben die Bauern und Schwärmer meinte, die Thomas Müntzer folgten, wird an späterer Stelle deutlich: Der Teufel „ist so ein listiger und gewaltiger Geist, daß er alle menschliche Sinn betrügen und äffen kann. [...] Wie leicht ihm aber solchs zu thun sei, siehet man heutigen Tages wohl an den Schwärmern und Rottengeistern der Wiedertäufer und Sacramentirer, und aller andern. Denn derselben Herzen hat er mit seiner Trügerei also bezaubert, daß sie das, so im Grunde der Wahrheit eitel Lügen, Irrthumb und gräuliche Finsterniß sind, fur die lauter und helle Wahrheit halten: Lassen sich auch von solcher Treudelerei durch keinerlei Vermahnung und Schrift nicht abwenden; sondern haltens gänzlich dafür, als seien sie allein weise und gelehrt, haben ein rechten Verstand von allerlei göttlichen Sachen, andere Leute aber seien eitel Gänse, allesampt stock- und starblind, die nicht weder sehen noch verstehen. [...] Denn, wie gesagt, so pfleget er der Menschen Herzen also zu narren und zu bezaubern, daß sie darauf theuer beschwören, ja, wohl sterben thürsten, sie hätten die gewisse göttliche Wahrheit, da sie doch anders nichts haben, denn nur ihre eigene, eitele, lose und gottlose Träume. Auf solche Weise hat er zu unsern Zeiten den Thomas Münzer, und andere viel mehr, bezaubert, durch welche darnach viel ander tausend auch bezaubert sind." (Tischreden, 1441, in: EA 59, 336).

154 Vgl. *Ritter*, Luther (wie Anm. 140), 109: „Mit der unbedingten Ehrlichkeit gegen sich selber, die seiner innersten Natur gemäß war, wich er keiner quälenden Frage aus. ‚Wie, wenn Du irrest, und soviel Leute in Irrtum verführest, welche alle ewiglich verdammet würden?' Oft ängstigte ihn der Teufel, so erzählte er später, mit einem einzigen Spruche so, daß er nicht aus noch ein wußte und im ganzen Papsttum nicht der kleinste Irrtum mehr zu finden war. ‚Hie brach mir wahrlich der Schweiß aus, und das Herz begann mir zu

kann annehmen, dass Luthers Bewusstsein für das Gewicht der Nebenfolgen, welches auf ihm lastete, ausgesprochen ausgeprägt war. Doch konnte er sich seiner Last nur mittels eines Befreiungsschlags entledigen, indem er eine starke Position in der Verteidigung weltlicher Obrigkeit einnahm, was die damit einhergehende Etablierung einer neuen religiösen, diesmal lutherischen Autorität in Form der Landeskirchen zur Folge hatte. Der ikonische Habitus des jungen, asketischen Mönchs, der dem Volk nicht nur reformatorische, sondern auch revolutionäre Hoffnung versprach, wurde abgelegt und wurde ab 1525, wie Kaufmann die Folge der Cranach'schen Lutherporträts charakterisiert, „immer professoraler, weltlicher, dicker". „Der definitive Schritt des Mönchs in die Welt, den er mit der Eheschließung im Angesicht des Bauernkrieges tat, war seine Art, dem Teufel, der hinter allen Gefährdungen steckte, Paroli zu bieten. Mit dem Sommer 1525 war die Phase der frühen Reformation, in der Luther das Herz der vielen gehört hatte, vorüber."[155]

Das Böse war für diese Zeit der Teufel; er war eine widergöttliche Macht und Kraft, die, so lautet eine These in Will-Erich Peuckerts *Die Große Wende*, in der apokalyptischen Vorstellung dieses Säkulums zum Untergang führte.[156] Man hat es also bei der Rede von den Zielen des Teufels, die gegen die guten und besseren Absichten der Christen im Sinne Gottes und des Evangeliums gerichtet sind, mit einer negativen oder umgekehrten Teleologie zu tun. Die Raffinesse, mit der diese negativen Ziele mit der unbewussten Hilfe der göttlichen Heilsabsicht erreicht werden sollen, wird von Luther an zahlreichen Stellen hervorgehoben. Dieser Eindruck der irreführenden Taktik des Luther'schen Teufels verleitet auch noch Historiker des 21. Jahrhunderts im Falle der Ablasspraxis der römischen Kirche von einem „complicated mechanism of the confidence trick" zu sprechen, den die Messen und die Industrie der Fürbitte für die Toten darstellten und der von Luther aufgedeckt werden sollte.[157]

---

zittern und zu pochen: Der Teufel weiß seine Argumente wohl anzusetzen und vorzubringen und hate eine schwere, starke Sprache; und gehen solche Disputationen nicht mit langen und viel Bedenken zu, sondern ein Augenblick ist eine Antwort umb's ander. Und ich habe da wohl erfahren, dass man die Leut im Bett tot findet. Er kann den Leib erwürgen, das ist eins; er kann aber auch der Seelen so bang machen mit Disputieren, dass sie ausfahren muß in einem Augenblick.'"

155 *Kaufmann*, Reformation (wie Anm. 146), 502.

156 *Peuckert*, Wende (wie. Anm. 141), 124 f: „Natürlich ist dieses Böse für die Zeit der Teufel. Durch solche Erkenntnis aber wird das Drohende der Situation nicht leichter, denn Teufel, das heißt doch: eine widergöttliche Macht. Das heißt: die Macht des Abgrundes der Zerstörung. Und das heißt: die Macht des Unterganges."

157 *MacCulloch*, Reformation (wie Anm. 138), 153.

Das Thema des klerikalen „con-tricks“, das Luther in der Schrift *Von der babylonischen Gefangenschaft der Kirche* (*De captivitate Babylonica ecclesiae*) entwickelte, birgt einmal mehr das Verführungsschema des Teufels, das hier vom Papst als Antichristen gegen Kaiser und Fürsten und Christen gerichtet wird.[158] Darin liegt sicherlich auch der historische Hauptverdienst Luthers: Dass er nämlich derjenige war, der den Kernwiderspruch der mittelalterlichen Kirche aufzeigen konnte und dass er der Nebenfolge, die seit Jahren die Architektur des scholastischen Denkgebäude stetig untergraben hatte, jedoch trotz vieler Reformversuche (man denke z.B. an Nikolaus von Kues oder die humanistischen Erneuerungsversuche der Kirche durch Erasmus von Rotterdam) nicht zum Einsturz gebracht wurde, in Rekurs auf die christlichen und paulinischen Gründungsideen zum wirkungsvollen Ausbruch verhalf.

Die in Luthers Reformation gärende Nebenfolge blieb indes in ähnlicher Weise verdeckt. Dass gerade die revolutionäre Kraft im Volk, die der Reformation zunächst zum Durchbruch verhalf, später von Luther wieder versucht wurde, in ihre Schranken zu weisen, stellt einen Hauptwiderspruch seiner Lehre dar, den er, wie oben erwähnt, durch das Wirken des Teufels zu erklären versuchte. Um diese merkwürdige Blindheit Luthers für diesen Zusammenhang zu erklären, erscheint es an dieser Stelle angebracht, auf die psychohistorische Studie Erik H.Eriksons *Der junge Mann Luther* zu verweisen, der den komplexen Zusammenhang zwischen dem jungen Martin Luther, seinem Vater, den Bauern, dem Papst und dem Teufel in ein Licht zu stellen vermag, das eine bislang kaum beachtete Ursache des Wirkens der Nebenfolgen ausgehend von der individualpsychologischen Konstitution eines historischen Akteurs erhellt.[159]

Zunächst ist es wichtig, auf das Verhältnis von Luther zu den Bauern selbst zu verweisen. Diese Bindung stellt für unsere Betrachtung einen besonderen Faktor dar, da sich hier der Grundwiderspruch bzw. das Hauptmissverständnis offenbart, wodurch nicht zugelassen wurde, dass sich aus der Volksbewegung, die Luthers reformatorische Thesen in Form des sich formierenden Widerstands der Bauern loslösten, eine soziale „Revolution“ anschließen konnte, die nicht nur die geistliche Herrschaftsordnung, sondern auch die feudale, mittelalterliche Macht über den gemeinen Mann in ebenso grundlegender Weise verändert hätte. Erikson stellt klar,

158 Vgl. ebd., 129.

159 Vgl. *Erik H. Erikson*, Der junge Mann Luther. Eine psychoanalytische und historische Studie, übers. v. Johanna Schiche. München 1958.

dass ein direkter familiärer Bezug zum Bauerntum als sozialem Herkunftshintergrund Luthers durch seinen Vater Hans Luder hätte vermittelt werden müssen. Dieser war zwar von Beruf Bergmann und Angehöriger einer aufstrebenden proletarisch-bürgerlichen Mittelklasse, doch war er auch Sohn eines Bauern, dessen Hof er jedoch nicht erbte. Der ältere Martin Luther habe sich, so Erikson, später in dem Sinne zu dieser großelterlichen Bauerntradition bekannt, indem er seine Art gerne als streng sachlich, als „rusticus et durus" charakterisierte; er habe sich ebenso manchmal einer „Sehnsucht nach dem schlammigen Paradies des Dorfes" hingegeben.[160] Luthers Verhältnis zum Bauernstand aber sei grundsätzlich zwiespältig geblieben, da die Bauern durch die Entfremdung des Vaters von ihnen zu einem „Fragment negativer Identität" geworden seien, was soviel heißt, dass die Bauern eine Identität der Familie Luthers darstellten, die man zu vergessen wünschte – „auch wenn sie gelegentlich Gegenstand sentimentaler Gefühle ist – und deren Andeutung sie in ihren Kindern zu unterdrücken sucht."[161]

So war es der Beruf des Bergmannes, der Luthers direkten Familienhintergrund mitbestimmte. Und in diesem Stand war der Aberglaube an den Teufel, wie überall zu dieser Zeit, präsent: „Im Bergwerk vexiret und betreuget der Teufel die Leute, macht ihnen Gespenst und Geplerr fur den Augen, daß sie nicht anders wähnen, als sähen sie ein großen Haufen Erzes und gediegen Silber, da es doch nichts ist."[162] Solch allgemeinem Dämonenglauben muss dann besondere Beachtung geschenkt werden, wenn man das Bewusstsein der Zeit für ungewollte Nebenfolgen als „Teufelswerk" verstanden wissen möchte.

> „Woher weiß man (wenn man erst einmal unvorsichtig genug war, wissen zu wollen), ob man das, was einem zustieß, gewünscht oder gefördert hat, wenn man sich dessen nicht bewusst, wenigstens nicht voll bewußt war? Oder wie konnte man andererseits in jenen seltenen Momenten völlig klaren Bewußtseins, in denen man wachsam und voll guten Gewissens war, sicher sein, daß dieses Übermaß an Tugend kein Trugbild des Teufels war?"[163]

So war der Glaube an den Teufel, ähnlich wie der an ein nahes Weltende, Teil der Vorstellungswelt des ausgehenden Mittelalters, die Johan Huizinga von „düsterer

160 Ebd., 55.

161 Ebd., 56.

162 *Martin Luther*, Tischreden, 1426: Des Teufels Gespenst in Bergwerken, in: EA, 59, 324.

163 *Erikson*, Luther (wie Anm. 158), 64f.

Schwermut“ und „unendlicher Traurigkeit“ geprägt sah.[164] Der Teufel war nicht so sehr primitive Wahnvorstellung, sondern diente als Kompensationshilfe des Inkommensurablen, war „eine Form kollektiver Beherrschung des Unbewußten“, ein allgemein verständlicher Code für die Widrigkeiten im historischen Prozess, kurz: der Teufel war der Ausdruck des spätmittelalterlichen Nebenfolgenbewusstseins.[165]

Erikson deutet Luthers Gebrauch der Teufelsmetapher als Auslassventil für die inneren Kämpfe mit sich selbst und den Erwartungen, die sein Vater an seine Lebensplanung und -verwirklichung stellte. Gerade die Teufelsgespräche, die er auf der Wartburg führte, seien nur zu einem gewissen Grad halluzinatorische Projektion der traditionellen Überlieferung des Teufels als eines omnipräsenten Lebensbegleiters („schwarzer Hund und so“) gewesen, und seien „deshalb ‚real‘ genug, um […] hier und da einen übermenschlichen Wutanfall zu gestatten“.[166] Ihm halfen diese Vorstellungen vom Teufel gerade dann, als ihm in der Abgeschiedenheit von den umwälzenden Ereignissen, die sich zu dieser Zeit während des Sturms auf die Heiligenbilder in Wittenberg und Erfurt begaben, die revolutionären und zerstörerischen Nebenfolgen seines Handelns immer bewusster wurden. Hier auf der Wartburg realisierte sich Luther über die Gespräche mit dem Widerpart seines Willens und Strebens selbst als historische, als politische Persönlichkeit, deren Handeln nicht nur auf ihn, sondern auf die gesamte Christenheit unvorhergesehene Auswirkungen hat. Der offene Trotz Luthers gegen Papst, Kaiser und die weltumfassende Ordnung, die sie vertraten, sei, so Erikson, ein Sieg über seine eigenen Hemmungen gewesen: „Jetzt erkannte er nicht nur klar, wie räuberisch seine Begierden und wie aufsässig seine Rechtlichkeit waren, sondern auch, welche revolutionären Kräfte er in den anderen erweckt hatte.“[167]

Während es Luther noch gelang, den revolutionär-puritanischen Bilderstürmern um seinen alten Kollegen Karlstadt in Wittenberg Einhalt zu gebieten, kam er in Bezug auf die allgemeinen sozialen Erschütterungen und Rebellionen in Deutschland zur Einsicht, dass ihm die Volksbewegung und deren Ziele entglitten waren. Wie in einem Shaw'schen Drama, so charakterisiert Erikson dieses Finale der Entfaltung der reformatorischen Nebenfolge, verbanden sich „naiver Eifer, unbewußte Ironie

164 *Johan Huizinga*, Herbst des Mittelalters, Stuttgart 1939, zit. n. *Erikson*, Luther (wie Anm. 158), 79.

165 *Erikson*, Luther (wie Anm. 158), 65.

166 Ebd., 256.

167 Ebd., 258.

und furchtbare Gerechtigkeit", als die Luther'sche Revolutionspoesie früherer Schriften dann bei den Bauern eintraf, als der Reformator eben im Begriff war, „Ruhe zu finden".

> „Über Priester und Bischöfe hatte er gesagt: ‚Was verdienen sie Besseres als einen großen Aufstand, der sie von der Erde fegt? Und wenn es geschähe, so würden wir lachen'. Er hatte gesagt: ‚Im Christentum ... ist alles allen gemeinsam, das Gut des einen ist auch des andern Gut. Nichts gehört einem allein.' Er hatte gesagt: ‚Der gemeine Mann hat über das Unrecht nachgegrübelt, das ihm an Besitz, Leib und Seele widerfahren ist ... Wenn ich zehn Leiber hätte..., ich würde sie um dieser armen Menschen willen mit Freuden opfern.'"[168]

Das Manifest der Allgäuer Bauern, mit Worten „schlicht und voller Würde", war in deren Auffassung die notwendige, für Luther indes die unbeabsichtigte Konsequenz seiner Worte, „daß Christus alle Menschen, die Niedrigen so gut wie die Mächtigen, mit seinem kostbaren Blut losgekauft und befreit hatte".[169] Auch für Erikson sind daher die Worte der Luther'schen Rottenschrift von der Art derer, die sich in dessen Naherinnerung über den Toren „heutiger Polizeizentralen und Konzentrationslager" befinden – ein Mahnmal für den Schrecken der unbeabsichtigten Konsequenzen im Prozess der Zivilisation sowie ein Nachklang auf den gewalttätigen Vater, Hans Luder, „der das Überbleibsel von einem halsstarrigen Bauern aus seinem Sohn herausprügelt".[170]

Ab 1525 gehört der junge Luther somit als „Verkörperung universaler Revolution" der Vergangenheit an. Der ältere hingegen steht fortan für den provinziellen, „oft ‚erschrockenen und zornigen' Luther", dessen Reformation zum „allmächtigen Kirchen-Staat" führte.[171]

Søren Kierkegaard, der Gewährsmann Eriksons, griff die autoritäre Reaktion auf die Nebenfolgen seiner Reformation am schärfsten an. Für ihn war der Rückberuf auf die Verfassung der Heiligen Schrift ein Durchbruch, was die Zubilligung von Rechten des Einzelnen anging, „die Luther *nur unabsichtlich und gegen seinen Willen* zu

---

168 Ebd., 259.

169 Ebd.

170 Ebd., 260. Die Parallele, die Erikson hier mit der Rottenschrift neben die Vernichtungspraxis der Nationalsozialisten zieht, ist durchaus systematisch gemeint. Für ihn ist Luther ein relativ glückliches Ergebnis der Identitätsvorstellung eines absoluten Dezisionsideals, einer Vorstellung des „Alles oder nichts", den er im vierten Kapitel in krasse Opposition zu einem ähnlich veranlagten, aber rein destruktiven Charakter, nämlich Adolf Hitler, stellt: vgl. ebd., 114–119.

171 Ebd., 265.

säkularisieren geholfen hatte".[172] Das alles eröffnete den Horizont für andere Texte, die dem Einzelnen zu mehr Selbstbewusstsein zu verhelfen in der Lage waren. Doch waren es gerade die mit dieser Reformation einhergehenden Entwicklungen zur Festigung der weltlichen Autorität und alten Ordnung, die Kierkegaard Luther nicht verzeihen konnte:

> „Für einige Jahre war er das Salz der Erde. Aber sein späteres Leben ist nicht frei von der Fadheit, für die seine Tischreden ein Beispiel sind: ein Gottesmann, der in kleinbürgerlicher Behaglichkeit sitzt, von bewundernden Anhängern umgeben, die jeden Furz von ihm für eine Offenbarung oder die Folge einer Inspiration halten [...] Luther hat den Maßstab des Reformatorseins verkleinert und so das Pack, das verdammte Pack braver, herzhafter Leute mit verursacht, die in späteren Generationen alle gern ein wenig Reformator spielen wollten [...] Luthers späteres Leben hat die Mittelmäßigkeit akkreditiert."[173]

Aber es scheint aus der Sicht eines durch Nebenfolgen bestimmten Geschichtsprozess so wie im Leben des Einzelnen zu sein, dass sich eine Zeit lang alles in eine Richtung entweder gegen oder für ein Ziel nach einer Absicht zu bewegen scheint und dann plötzlich aufhört und stehenbleibt. Für Luther und seine Zeit brachte der Antrieb zur Rebellion die Gegnerschaft gegen einen Widerpart, den Vater, den Papst, den Kaiser und schließlich gegen die Bauern – sobald sie als Gegner ausfielen bzw. besiegt waren – die Dynamik des Prozesses zum Erliegen. Es ist faszinierend zu lesen, wie Luther seine Hindernisse, an denen er sich so aufreiben konnte, als die Bedingung der Möglichkeit seiner Reformation erkannte. Der „Vollstrecker seines Martyriums" ist nämlich niemand anderes als der Teufel selbst, „mit dem er streiten, sich beraten und den er manchmal fortschicken konnte".[174] „Weil Pabst und Kayser mich nitt konnen dempfen," folgert Luther, „so mus ein Teufel sein, ne virtus sine hoste elanguescat"; und: „damit die Tugend ohne Feind nicht ermattet".[175] So kann

172 Ebd. (Hervorhebung B.S.)

173 *Søren Kierkegaard*, Soeren Kierkegaards efterladte Papirer, hrsg. v. P. A. Heiberg. Kopenhagen 1926, XI, 44, No. 61, übers. und zit. n. *Erikson*, Luther (wie Anm. 158), 265 f.

174 *Erikson*, Luther (wie Anm. 158), 274.

175 Zit. n. ebd., 268. In dieser Beziehung tritt die Besonderheit des Charakters Luthers z. B. im Vergleich zum humanistischen Typ eines Erasmus von Rotterdam zu Tage. So schreibt *Karl Brandi*, Deutsche Geschichte im Zeitalter der Reformation und Gegenreformation. Darmstadt 1960, 128f.: „Erasmus empfand dazu die äußere Unsicherheit; für den Kampf war er nicht geschaffen. Auch war seine Religiosität mehr eine Angelegenheit des gebildeten, humanen Empfindens, kein Kampf mit Tod und Teufel. Den armen tod-

man, wenn man wieder zur anfänglichen Behauptung zurückkehrt, der Teufel stelle in Luthers Vorstellungswelt das Prinzip des Geschichtsverlaufs dar, das wir hier als jenes der Nebenfolge bezeichnen, dem Reformator zugestehen, dass er sich der unintendierten Konsequenzen seines Handelns als empfindsamer junger Mann, der die Widersprüchlichkeit des Menschen in der Theologie der Gnade Gottes aufheben und damit für zahllose Christen aus dem Herzen sprechen konnte, auch im historischen Prozess bewusst war. Seine Entscheidung, sich ins Private der Familie zurückzuziehen, bedeutete für ihn mit sich und seinen inneren Konflikten (vielleicht einen gar zu genügsamen) Frieden zu schließen. Die Verantwortung für die nun entstandenen Gefahren der Widersprüche zwischen alter und neuer politischer Ordnung sowie zwischen den verschiedenen religiösen Bekenntnissen trugen ab 1525/26 andere, und nicht mehr Luther allein.

Trotzdem kann Luthers Reformation als eine Hauptursache einer Nebenfolge gelten, in deren Verlauf, wie Gerhard Ritter nach Hegel sagt, „der verborgene Geist der Geschichte selber an die Gegenwart pocht und heraus will", und an der sich ein allgemeiner historischer Wandel anschließen konnte: „Er und kein andrer steht am Ausgang eines versinkenden, am Eingang eines neuen religiösen Zeitalters."[176] Seine Ankündigung eines neuen augustinischen Königreichs Gottes (*civitas Dei*), das allein durch Gottes Gnade zu erreichen sei, bedeutete zwar neue und attraktive Heilserwartungen, doch auch, dass die diesseitige Welt (*civitas terrena*) eine des Teufels (*civitas Diaboli*) sei. Zwar sei für Luther diese Welt kein „Jammertal" gewesen wie für die asketischen Heiligen des Mittelalters und der protestantischen Sekten, er habe es aber auch nicht „für einen Blumenteppich gehalten, sondern für Gottes freie Schöpfung und des Satans Kampfplatz".[177] Dieser Eindruck der Gegenwart am Vorabend einer sozialen Revolution kam durch die Wahrnehmung einer Reihe konkreter Nebenfolgen zustande, wie die krisenhafte Veränderung zahlreicher Basisinstitutionen der Kirche und der römisch-deutschen Universalmonarchie. Doch gerade dieser weltliche Kampf gegen die Kräfte des Satans durfte Luther zufolge nicht fern von Gottes Gesetz geführt werden und dieses schrieb seiner Auslegung nach den Gehorsam gegenüber den durch Gott eingesetzten Obrigkeiten vor.[178]

---

kranken Hutten schüttelte er ab, gegen Luther zögerte er; dann kreuzte er mit ihm die Waffen über das Problem der Willensfreiheit; das war nur noch Symbol. Man verstand sich nicht mehr."

176 *Ritter*, Luther (wie Anm. 140) 176.

177 Ebd., 187.

178 Vgl. *Mantey*, Zwei-Reiche-Lehre (wie Anm. 132), 264, Anm. 31: Predigt Luthers am 31.7.1524 (WA 15

Die Kritik Müntzers an der obrigkeitsunkritischen Haltung Luthers setzte genau hier an, wurde von Luther jedoch, zu Recht oder zu Unrecht sei an dieser Stelle nicht erörtert, als „Raserei" abgetan.[179] Das christliche Gewissen habe mit der Regelung des Friedens auf Erden nämlich nichts zu tun und dürfe nicht damit belastet werden, wie Luther in der gegen die Bilderstürmer gerichteten Schrift *Wider die himmlischen Propheten, von Bildern und Sakrament* vom Dezember 1524 verlauten ließ: „Da neben mus man aber zu sehen, das man die Christliche freyheyt erhallte und solche gesetze und werck nicht auff der Christen gewissen treybe, als müssen sie da durch gram seyn oder sundigen."[180] In diesem Sinne wies Luther auch die Anfrage der Memminger Verfasser der zwölf Artikel zurück. „Die kriegerische Konfrontation zwischen Fürsten und Bauern resultiert nach Luther aus einer unzureichenden Unterscheidung der beiden Reiche, die die Gefahr der Vernichtung beider Reiche mit sich bringt."[181]

Luther und Müntzer, um auf die anfangs nach Helwigs Tabellengeschichte gemachte Gegenüberstellung zurückzukommen, wurden zumindest im Sinne der Trennung in zwei Reiche auch von der nachfolgenden Historiographie stets als Antipoden verstanden. Während Ersterer sich auf die Position zurückzog, sich nur mit theologischen Belangen auseinanderzusetzen und diese Haltung am liebsten bei allen Christen gesehen hätte, ging es Müntzer darum, Gottes Reich auch auf Erden zu verwirklichen – wenn es sein musste, auch mittels der Gewalt des Schwertes. Dies waren für die Zeitgenossen zwei Handlungsoptionen, sich dem Nebenfolgendruck der Zeit zu stellen. Beide waren jedoch keine modernen Widerstandsbewegungen, die sich um der individuellen Freiheit auf Erden Willen gegen die geistlichen und weltlichen Obrigkeiten stellten, sondern erwuchsen aus dem heilsgeschichtlichen

---

(662) 665–671): „Das weltliche Schwert ist eingesetzt, damit in dieser Welt, in der die Christen noch leben müssen, Frieden gehalten werden kann (667, 30f.). Dieses Schwert ist zwar von Gott eingesetzt, darf aber nicht in geistliche Belange hineinregieren, so daß (nur) in diesem Fall kein Gehorsam geleistet werden soll (668, 30–32)."

179 Ebd., 264.

180 *Martin Luther*, Wider die himmlischen Propheten, von Bildern und Sakramenten, in: WA 18, 62-125, hier 66, 12–14.

181 *Mantey*, Zwei-Reiche-Lehre (wie Anm. 132), 266; Vgl. *Martin Luther*, Ermahnung zum Frieden auf die zwölf Artikel der Bauernschaft in Schwaben, in: WA 18, 291–334, hier 292, 32–35: „Weyl denn diese suche gros und ferlich ist, alls die beyde Gottes reich und der wellt reich betriffet, Denn wo diese Auffruhr sollt fest dringen und uber hand nemen, würden beide reich untergehen, das widder welltlich regiment noch Göttlich wort, sondern eine ewig verstörunge gantzes Deutschen landes folgen würde, So ist von nötten, das wir frey davon reden und rechten [...]."

Bedürfnis, die Zugehörigkeit zum Reich Gottes zu erlangen. Insofern ist die Bedeutung von Revolution in diesem Kapitel nicht in dem Sinne zu verstehen, wie es für den Revolutionsdiskurs dreihundert Jahre später gilt. Der Enthusiasmus der „Schwärmer“, die Thomas Müntzer in die „Endzeitschlacht“ bei Frankenhausen folgten, war noch zu „mittelalterlich“ um eine wirkliche Alternative zur Luther'schen Antwort auf die Krise um 1500 zu finden. Eine Wende im Sinne der einmal in Gang gekommenen Nebenfolgendynamik und des zeitgenössischen reflexiven Bewusstseins für selbige war die Reformation Luthers allerdings sehr wohl.

Krisen und Reformen

Nebenfolgen und Nebenfolgenbewusstsein in der Athener Demokratie

Althistorikern ist das Phänomen der Nebenfolge in der Geschichte nicht unbekannt. Die Antike ist geradezu ein Modellfall einer Zeit, in der politisches Handeln von unbeabsichtigten Nebenfolgen begleitet war. Das Forschungsfeld der Athener Demokratie im 5. und 4. Jahrhundert v. Chr. umfasst eine Entstehungsepoche des politischen Denkens und der politischen Praxis, auf die sich bis in unsere Zeit die europäische und ab dem 17. Jahrhundert auch die transatlantische Welt (z.B. in Amerika oder Haiti) berufen konnte. Warum erscheint nun gerade in diesem weit zurückliegenden Zeitraum das politische Denken mit unbeabsichtigten Nebenfolgen, so wie wir es bisher nur bei Historikern der Neuzeit betrachtet haben, so präsent? Liegt es etwa daran, dass Vieles aufgrund des Mangels an antiken Quellen lückenhaft und daher nicht als bewusstes und geplantes Handeln der historischen Akteure erscheint? Auch wenn dieses forschungspraktische Problem Anlass zu höherer Spekulationsbereitschaft sein kann, so ist doch ein bedeutenderer Grund für diese Aufmerksamkeit zu nennen: Das Thema der Entstehungsgeschichte des politischen Denkens, das Aufkommens komplexer und partizipatorisch organisierter Gemeinschaften wie der griechischen Polis, nimmt seit langem eine hervorgehobene Stellung innerhalb der Historiographie der Antike ein. Das Interesse an der politischen Geschichte Athens ist auch daher so groß, da hier mit der Staatsform der Demokratie Präzedenz geschaffen wurde, die wie kaum ein anderes historisches Ereignis überaus facettenreiche Folgewirkungen in der Neuzeit hatte. In all diesen Prozessen spielen unbeabsichtigte Nebenfolgen eine herausragende Rolle, die im Folgenden genauer betrachtet werden soll.

Die Entstehung der athenischen Demokratie als Nebenfolge

Es ist dem Althistoriker Christian Meier zu verdanken, die historische Entstehung der Demokratie als erstaunliches, ja geradezu verwunderliches Ereignis pro-

DOI 10.1515/9783110405019.91

blematisiert zu haben. Denn anders als nachfolgende Demokratiegründungen hatten die Athener kein Vorbild für die Gründung ihrer Staatsform, und die Herausbildung der demokratischen Ordnung war kein Prozess, der bewusst von einem politischen Zustand in den anderen überführte, sondern ein komplexer Vorgang, bei dem das Ziel – geschweige denn der Erfolg – der Demokratie keineswegs im Vornherein feststand: „Die Griechen hatten keine Griechen vor sich."[182] Was bedeutet diese Feststellung im Bezug auf unsere Fragestellung? Es bedeutet in erster Hinsicht, dass die Demokratie keine beabsichtigte Folge einer Handlungsabsicht bestimmter Akteure war. Jedoch war sie auch kein Ergebnis zufälliger Umstände, vielmehr war sie, nach Hartmut Leppin, ein *side effect* einer ganz anderen Strategie adliger Machthaber im Athen des 5. Jahrhunderts. Eine Gruppe Aristokraten habe, so Leppin, aus Zwecken des Machterhalts gegen eine andere Gruppe versucht, das politische Kräfteverhältnis durch die Hinzuziehung des größeren Teils der Bevölkerung in den Entscheidungsprozess der Polis zu ihren Gunsten zu verändern.[183] Das Ergebnis sei aber, auf ‚unabsichtliche' Weise, die Schaffung der Gleichheit (*isonomía*) zwischen der Aristokratie und dem Volk gewesen, die letztlich der Konstituierung der Demokratie in Athen den Weg bereitete.[184]

Doch wie funktionierte diese durch Nebenfolgen induzierte Entstehung der Demokratie in Athen? Welche Basisinstitutionen kann man annehmen, die bestimmte Absichten verfolgten und die im Laufe der Herausbildung von Nebenfolgen unterwandert wurden und schließlich an sich selbst scheiterten? Kann man in Bezug auf die Athener Gesellschaft von einer konkreten Einheit sprechen, die gemeinsame Basiswerte teilte? Kurz: Kann man davon ausgehen, dass das Athen des 5. und 4. Jahrhunderts dem gesellschaftlichen Gefüge des 20. und 21. Jahrhunderts auf soziologischer Ebene in dieser Hinsicht ähnelt? Um diese Fragen zu beantworten, wird hier wiederum versucht, der Analyse der Entstehung der athenischen Demokratie Chris-

182 *Christian Meier*, Die Entstehung des Politischen bei den Griechen. Frankfurt am Main 1980, 51.

183 *Hartmut Leppin*, Democratic Norms from an Aristocratic World. The Case of Classical Athens, Vortrag auf der Konferenz „Historicity and Validity of Norms" des Exzellenzclusters „Die Herausbildung normativer Ordnungen" in Bad Homburg von der Höhe vom 2. bis 4. Juli 2009.

184 Zum Begriff der Isonomie, die sich vor Kleisthenes Phylenreform als Trend herausbildete und in der Reform vollendete und sich als Vorstufe der Demokratie, die sich erst nach den Perserkriegen unter Ephialtes (463/62) konstituierte, vgl. *Meier*, Entstehung (wie Anm. 182), 88–90; sowie *Jochen Martin*, Von Kleisthenes zu Ephialtes. Zur Entstehung der athenischen Demokratie, in: Chiron 4 (1974), 5–42, und *Jochen Bleicken*, Wann begann die athenische Demokratie?, in: HZ 260 (1995), 337–364, 352.

tian Meiers zu folgen.[185] Zunächst wird dessen methodischer Begriffsapparat im Bezug auf die Kompatibilität zur Nebenfolgenheuristik untersucht, die Darstellung der konkreten Einheit bzw. der gesellschaftlichen Identität der Griechen nachverfolgt und abschließend das Nebenfolgenbewusstsein in der griechischen Gesellschaft dargestellt. Im Wesentlichen wird sich hier auf Meiers zentrale Abhandlung *Die Entstehung des Politischen bei den Griechen* gestützt. Weitere seiner Werke zu Athen werden gelegentlich sowie andere und neuere Literatur dann herangezogen, wenn der heutige Forschungsstand stark von Meiers Grundannahmen abweicht.

Die zentrale Frage Meiers Abhandlung lautet: Wie kommt es zur Entstehung des politischen Denkens bei den Griechen und zur Herausbildung einer neuen politischen Ordnung (nämlich der Demokratie) und wie ist es zu erklären, dass diese am Ende des 5. Jahrhunderts wieder zu Grunde geht? Der Meier'sche Versuch einer Antwort lässt sich wie folgt formulieren: Die Demokratie ist eine Nebenfolge im historischen Prozess und ihr Niedergang ebenso. Das ist im Folgenden an einigen, meiner Ansicht nach zentralen Stellen zu zeigen.

Meiers Vorstellung der Nebenfolgen wird ihm hier – anders als beispielsweise bei Koselleck, der diesen Terminus nicht verwendet – nicht fremdzugeschrieben. Vielmehr kennt Meier das Konzept des von Nebenfolgen begleiteten historischen Prozesses selbst und entwickelt es, vor allem von Lübbe und Benjamin ausgehend, weiter. Bei Hermann Lübbe besteht das Problem der Gegenwart des 20. Jahrhunderts darin, dass an die Stelle des Fortschritts die Versuche zur „Kompensation fortschreitend prekärer Fortschrittsnebenfolgen" getreten sind.[186] Die Lücke, die sich, so Lübbe, durch das krisenhafte Auseinandertreten von Erfahrungsraum und Erwartungshorizont[187] bzw. durch den Widerspruch von „Innovation und Folgelast" (Rainer Specht)[188], welcher sich durch den paradoxen Zusammenfall von Verlust histori-

185 Das Œuvre Meiers erscheint mir als Ausgangspunkt für die Wirkung der Nebenfolgen in der Antike im besonderen Maße geeignet. Den Begriff der unbeabsichtigten Nebenfolge bzw. der nicht intendierten Konsequenz verwendet er insbesondere im Vorwort zur zweiten Auflage von Res publica amissa. Eine Studie zur Verfassung und Geschichte der späten römischen Republik. 3. Aufl. Frankfurt am Main 1997, x und xvii. Zur Bedeutung Christian Meiers in der althistorischen Forschung vgl. *Monika Bernett/Wilfried Nippel/Aloys Winterling* (Hrsg.), Christian Meier zur Diskussion. Autorenkolloquium am Zentrum für Interdisziplinäre Forschung der Universität Bielefeld. Stuttgart 2008.

186 *Hermann Lübbe*, Evolutionäre Beschleunigung und historisches Bewusstsein, in: ders., Geschichtsbegriff und Geschichtsinteresse. Analytik und Pragmatik der Historie. Basel/Stuttgart 1977, 326

187 *Reinhart Koselleck*, ‚Erfahrungsraum' und ‚Erwartungshorizont' – zwei historische Kategorien, zuerst in: Ulrich Engelhardt/Volker Sellin/Horst Stuke (Hrsg.), Soziale Bewegung und politische Verfassung.

schen Bewusstseins einerseits und einer zunehmenden historiographischen Produktion (als kompensatorischer Effekt) andererseits äußere, aufgetan hat, solle durch eine Anerkennung der Tradition wieder geschlossen werden.[189] Es sei nämlich eine „erweisbare Unmöglichkeit, traditionsfrei vernünftige Neuorientierungen zu entwickeln".[190] Bei den Griechen habe dieses prozessuale Denken, das sich, so Meier, in einem „Können-Bewusstsein" äußerte, erste Formen angenommen. Man begriff sich als der Welt zugehörig, an den Ereignissen beteiligt, aber man fühlte sich ihr als politisch Handelnder nicht ausgeliefert.

> „So kamen die Griechen, um es pointiert zu sagen, dazu, eine politische Stellung in der Welt einzunehmen, eine extreme Gegenposition zum Anheimgegebensein an, zur Funktionalisierung in Prozessen (samt all den komplizierten Identifikationen mit prozessualen Bewegungen, die in der Neuzeit und noch in der Moderne normaliter notwendig sind, um den Einzelnen Dabeisein und Anschluß zu vermitteln, um die eigene Identität über alle Zerrissenheit und Vereinzelung aufzuheben in den Zusammenhang des Ganzen)."[191]

Ähnlich wie Lübbe für seine Zeit die Krise als Traditionsverlust im Angesicht prekärer Fortschrittsfolgeprobleme beschreibt, so kann auch Meier im antiken Athen ein selbstverantwortliches Bewusstsein für die Krisenanfälligkeit des eigenen Entscheidungssystems ausmachen.

Stuttgart 1976, 13–33; wieder abgedruckt in: *Reinhart Koselleck*, Vergangene Zukunft. Zur Semantik geschichtlicher Zeiten. Frankfurt am Main 1989, 346–375.

188 *Rainer Specht*, Innovation und Folgelast. Beispiele aus der neueren Philosophie- und Wissenschaftsgeschichte. Stuttgart/Bad Cannstatt 1972.

189 Ein Beispiel eines zeitlichen Bewusstseins, in dem Erfahrungsraum und Erwartungshorizont miteinander verschränkt ein versicherndes Gegenwartsbewusstsein ermöglichen, zeigt ein Votivbild aus dem Kriegsjahr 1915 in einer kleinen Kapelle in Bürserberg (Vorarlberg / Österreich) mit dem Text „Maria hat geholfen | Maria hilft | Maria hilft weiter." Das Heilsgeschehen versichert den Gläubigen in der kontemplativen Andacht getreu dem Motto, was einmal geschehen konnte, das wird auch wieder geschehen; im gegenwärtigen Moment der Not gibt dieses Wissen Sicherheit. Im Sinne Kosellecks stellt dieses Beispiel jedoch eine Gleichzeitigkeit des Ungleichzeitigen dar, weil gerade die Aufklärung der Sattelzeit einen Zweifel in diese Glaubenssicherheit gesät hat.

190 *Lübbe*, Beschleunigung (wie Anm. 186), 330. Weiter heißt es: „Je sichtbarer in sich beschleunigender zivilisatorischer Evolution Erfahrungsraum und Erwartungshorizont auseinandertreten, um so mehr verlieren unsere Orientierungen ihnen traditionellen Charakter, das heisst den Charakter generationsüberdauernder, reflexionsunbedürftiger kultureller Selbstverständlichkeiten."

191 *Meier*, Entstehung (wie Anm. 182), 44f.

Die Frage Walter Benjamins, „ob die Revolutionen nicht – statt ‚Lokomotiven der Weltgeschichte – der Griff des in diesem Zuge reisenden Menschengeschlechts nach der Notbremse‘ seien“,[192] führt Meier nicht zum Phänomen des „Griffs“ (übrigens eine Metapher der Nebenfolge) weiter, sondern stattdessen zum Phänomen des Ausnahmezustandes.[193] Diese Schmitt'sche Kategorie hat schon Koselleck in seiner Auseinandersetzung mit dem Bürgerkrieg und mit Thomas Hobbes beschäftigt[194], und Meier verfährt in seiner Analyse des Politischen bei den Griechen ganz ähnlich. In die Verantwortung gesetzt, sich mit den „Sachzwängen“ auseinanderzusetzen, muss das politische Bewusstsein, so Meier, „den großen Veränderungsprozessen begegnen, die unter den Konstellationen unserer Zeit aus den *nicht-intendierten Nebenwirkungen* unseres Handelns resultieren“, wobei es dahin tendiere, „*total* zu werden“.[195] Meier findet hier also schon erste Ansätze eines totalitären Denkens, das er später für einen „europäischen Sonderweg“ verantwortlich macht[196], und das sich nach Carl Schmitt darin auszeichnet, dass nun grundsätzlich alles politischer Entscheidung unterworfen sei, „auch die Entscheidung darüber, was von ihr ausgenommen bleiben soll“.[197] Meiers Verständnis der Kompensationsnotwendigkeit von Nebenfolgen verlangt nach der Annahme „indirekter Mächte“ (*potestates indirectae*), also der Mächte, die nicht nur gewollte Resultate bewirken, sondern überhaupt „Prozesse“ sowohl aus intendierten Folgen als auch „aus nicht-intendierten Nebenwirkungen des Handelns“ geschehen lassen.[198] Damit spielt er auf die Inkommensurabilität der unendlichen wechselseitigen Abhängigkeit bei Entscheidungsprozessen an.

In Athen verschärfte sich die Frage nach diesen indirekten Mächten insofern, als nun nicht mehr nur ein einzelner oder eine kleine Gruppe Herrschender das Problem der nicht zu überblickenden Nebenfolgen gewahrte, sondern es erschütterte durch die Beteiligung der Bürgerschaft am politischen Geschehen die gesamte Ge-

---

192 *Walter Benjamin*, Gesammelte Schriften, I, 3. Frankfurt am Main 1974, 1232.

193 *Meier*, Entstehung (wie Anm. 182), 18f.

194 Vgl. oben, „Die Krise als Nebenfolge der Kritik“.

195 *Meier*, Entstehung (wie Anm. 182), 19 (erste Kursivsetzung B.S., die zweite im Orig.).

196 Vgl. *Christian Meier*, Von Athen nach Auschwitz. Betrachtungen zur Lage der Geschichte. München 2002; die These des griechischen Sonderwegs auch schon in *ders.*, Athen. Ein Neubeginn der Weltgeschichte, Berlin 1993, 108ff.

197 *Meier*, Entstehung (wie Anm. 182), 19; er zitiert dabei *Carl Schmitt*, Politische Theologie. 2. Aufl. München/Leipzig 1934, 7 und passim.

198 Ebd., 20.

meinschaft. Die frühere Ordnung in Athen, wie sie so ähnlich auch in den meisten Teilen der antiken Welt Bestand hatte, geriet in eine Krise und das, wie Meier es nennt, „selbstverständliche Ineinanderrasten von Erwartung, Erfüllung und Erwartungserwartung [...] wurden gründlich gestört".[199] In der sich neu herausbildenden Ordnung hingegen spannte sich für die Gemeinschaft nun ein Erwartungshorizont auf, der sich immer mehr vom Erfahrungsraum löste: Das eigene Handeln geriet immer mehr in den Mittelpunkt und die Eindrücke von Nebenfolgen ließen die Zukunft unsicher erscheinen. Die stabile Ordnung, in der sich seit etwa 800 v.Chr. die Griechen als Kultureinheit und homogene Bewegung sahen, zerbrach beim Übergang zur Isonomie im 5.Jahrhundert, den Meier wörtlich als „blinden Prozeß" bezeichnet,[200] an sich selbst. Neue Monarchien und Tyrannenherrschaften hätten diesen Zerfallsprozess aus der alten Ordnung selbst heraus nicht mehr aufhalten können. „Eben damit", so steht da bei Meier, „reichten ihre [i.e. die Krise] politischen Folgelasten weit über ihre Ursachen hinaus."[201] Die Mittel, die benötigt wurden, die Krise zu beseitigen, waren selbst neu und die neuen, die politischen Zielen konnten „nach dem Bruch der Homogenität [...] nur darin bestehen, daß breitere Kreise von Bürgern selbst engagierten und nach wirksamer regelmäßiger Mitsprache in politicis strebten".[202]

Doch worin bestand überhaupt diese von Meier vorausgesetzte konkrete Einheit der Athener bzw. der Griechen? Ohne eine solche kategorische Annahme macht es ja, wie schon mehrfach betont, keinen Sinn, von Nebenfolgen zu sprechen, die historischen Wandel ausgehend von den Absichten der in der Geschichte handelnden Akteure erklären. Gerade aber in der Frage nach der Einheit steht die „gesellschaftliche Identität", wie es bei Meier heißt, das Zeitbewusstsein, die Kontinuität und der Wandel bei den Griechen im Vergleich zu anderen Kulturen im Vordergrund:

199 Ebd., 69. Zum Begriff der Erwartungserwartung vgl. *Niklas Luhmann*, Rechtssoziologie. 4.Aufl. Wiesbaden 2008, 33: „Zur Steuerung eines Zusammenhangs sozialer Interaktion ist nicht nur erforderlich, daß jeder *erfährt*, sondern auch, daß jeder *erwarten* kann, was der andere von ihm *erwartet*." „Denn", so heißt es etwas später, „Sicherheit im Erwarten von Erwartungen, sei sie mit Hilfe rein psychischer Strategien, sei sie mit Hilfe sozialer Normen erreicht, ist eine unentbehrliche Grundlage aller Interaktion und sehr viel bedeutsamer als die Sicherheit der Erfüllung von Erwartungen." (38f.).

200 *Meier*, Entstehung (wie Anm.182), 89.

201 Ebd.

202 Ebd.

„Die ersten Demokratien der Weltgeschichte aber konnten nur entstehen, wenn das ‚politische' Zusammenleben der Bürger als Bürger zum Zentrum ihres Lebens wurde. Das hatte vielfältige Voraussetzungen und Auswirkungen. Damit ergab sich eine besondere Stellung in der Welt, eine welthistorische neuartige Macht der Bürger über ihre Verhältnisse; eine besondere Ausprägung der gesellschaftlichen Identität; ein spezifisches Zeiterleben, ein besonderes Verhältnis von Gleichbleiben und Wandel. Auch eigentümliche Formen der Erfahrung, des Wahrnehmens und Begreifens von menschlichem Vermögen, von Geschehen, Gesellschaft und Veränderung."[203]

Die Griechen teilten, nach Meier, also ganz bestimmte Basiswerte, die sie als Einheit erscheinen lassen und stellen – das ist die Pointe dieser Analyse –, ohne sich dessen bewusst zu sein, die Bedingungen der Möglichkeit für die Entstehung der Isonomie bzw. Demokratie in ihrer Gesellschaft bereit.

Wichtig ist jedoch zu betonen, dass Meier den Einheitsbegriff stark auf ein Primat des Politischen bezieht. Einmal mehr folgt er hier, ausdrücklich zustimmend[204], der Behauptung Schmitts, dass die politische Einheit „den intensivsten Grad der Einheit" bezeichne. Konsequenterweise schließt sich daran auch die „intensivste Unterscheidung, die Gruppierung nach Freund und Feind" an.[205] Auch hier steht wieder die Gefahr des Bürgerkriegs im Hintergrund.[206] Denn die politische Einheit „ist höchste Einheit, nicht, weil sie allmächtig diktiert oder alle Einheiten nivelliert, sondern weil sie entscheidet und innerhalb ihrer selbst alle anderen gegensätzlichen Gruppierung daran hindern kann, sich bis zur extremen Feindschaft (d.h. zum Bürgerkrieg) zu dissoziieren".[207] Wie bei Koselleck gilt für Meier also auch in seiner Interpretation der griechischen Demokratie das Diktum, den Bürgerkrieg unter allen Umständen zu verhindern oder zu beenden, als Leitmotiv dieser Erfolgsgeschichte. Wie am Ende deutlich wird, geht es Meier in erster Linie darum, deutlich zu machen, dass die Leistung der athenischen Demokratie gerade in der Stabilisierung der feindseligen Faktionsverhältnisse bestanden hatte.

Im Wesentlichen habe die Einheitlichkeit der Griechen darin gelegen, dass sie durch Kolonisation in den Mittelmeerraum ausgreifen konnten und damit ein

203 Ebd., 12.
204 Ebd., 33, Anm. 25.
205 *Carl Schmitt*, Positionen und Begriffe. Hamburg 1940, 141.
206 Vgl. oben, „Die Krise als Nebenfolge der Kritik".
207 *Meier*, Entstehung (wie Anm. 182), 33.

Außen und Innen geschaffen hätten, dass sich im Aufkommen von Problemen „des Lebens und Zusammenlebens in alten und neuen Städten" äußerte. Nach Meier habe die Gründung der Kolonien ein Reflexionsbewusstsein über die eigene Ordnung erfordert, weshalb bald schon „die Notwendigkeit, Dinge, die bis dahin nur für den einzelnen Fall ausgesprochen worden waren, auf allgemeine Formeln zu bringen", eingesehen wurde.[208] Somit habe eine Diffusion und Verdichtung des Einheitsgedankens stattgefunden, so dass „Einsichten Weniger und das Wissen und die Ansprüche Vieler aneinander" haben wachsen können: „das intellektuelle Vordringen einer ganzen Gesellschaft", so nennt Meier diese ideengeschichtliche Formierung von Basiswerten zu sozialen und quasi-legalen Basisinstitutionen.

Nicht zuletzt sei auch hier auf die Rolle, die Wissen als Einheitsfaktor in der griechischen Gesellschaft spielte, aufmerksam gemacht. Schon Jacob Burckhardt hat auf Delphi und dessen Orakel als Zentrum griechischen Wissens hingewiesen.[209] Hier versammelten sich nicht nur die Priester und Ausgeber „dunkler Sprüche", ebenso stellte Delphi eine politische Wissens- und Kommunikationsschaltstelle dar, die mitunter tief in das Geschehen der griechischen Stadtstaaten einwirken konnte.[210] Von hier ausgehend könnte man die Liste der Einheitsfaktoren noch weiter fortführen, was Meier selbst nicht tut, aber wo man auf die Literatur der Kulturgeschichte Griechenlands verweisen mag, die die so offenbaren sprachlichen, religiösen und sozialen Gemeinsamkeiten hervorhebt.

Beide – kategoriale und historische – Faktoren, die Verdichtung und Institutionalisierung des Einheitsgedankens sowie zentrales Wissen, hier historisch verkörpert durch die diplomatische Kommunikationskompetenz Delphis, tragen in der im Folgenden kurz umrissenen Ereignisgeschichte der von Nebenfolgen begleiteten Entstehung der athenischen Isonomie bzw. Demokratie entscheidend zum Verständnis bei. Der Beginn der Erzählung der Herausbildung der neuen politischen Ordnung in Athen wird üblicherweise mit den Sozial- und Wirtschaftsreformen Solons gemacht. „Mit Solon beginnt etwas Neues und in die Zukunft Weisendes", sagt beispielsweise Jochen Bleicken.[211] Die Solonischen Gesetzgebungen und Reformen stellten offensichtlich einen bedeutenden Einheitszuwachs im griechischen Ge-

208 Ebd., 70.

209 *Jacob Burckhardt*, Griechische Kulturgeschichte. Stuttgart 1952, I, 527f.

210 *Meier*, Entstehung (wie Anm. 182), 74.

211 *Jochen Bleicken*, Die athenische Demokratie. 4. Aufl. Paderborn/München/Wien [u.a.] 1995, 21.

meinwesen dar. Nicht nur war er der „Ins-Lot-Richter"[212], der die sich bekämpfenden Faktionen in Einklang brachte; was er vor allem leistete, war die Auflockerung der politischen Hierarchiegefüge, stellte die Alleinherrschaft über eine Stadt in Frage und brachte die Verfassungsart der Tyrannis wenn nicht in allgemeinen Verruf, belegte sie aber doch mit stark negativen Konnotationen.

Das vermutlich nicht in seiner Gänze durch ihn geschaffene Gesetzeskorpus – schriftlich auf vier hölzernen, vierkantigen Säulen festgehalten –, die Regelung sozialer und rechtlicher Probleme sowie die Einführung der Popularklage, die Reform des attischen Bürgerrechts (das sogenannte *stásis*-Gesetz) und möglicherweise des Zensusrechts, stellen Formationen normativer Ordnungen dar, die gleichermaßen, nicht zuletzt dank ihrer Verschriftlichung, wichtige, im weiteren Verlauf sehr wirkmächtige Basisinstitutionen zur Athener Gesellschaft hinzufügten.[213] Die Bedeutung der von Solon betriebenen Veränderungen stellt sich innerhalb seines historischen Kontextes heraus: Das Herrschaftsgefüge war in vorsolonischer Zeit stark hierarchisch organisiert, der Adel stand an der Spitze der Ordnung. Es liegen mit der Polis Umrisse eines institutionalisierten Gemeinwesens vor, das mächtige Exekutivgremium des Areopags mit seinen neun Archonten (seit 683/82 als Jahresamt vergeben) sowie das Gericht für Streitbeilegung der 51 Epheten und die Aufteilung anderer Ämter unterlagen einer aristokratischen Ordnung, die jedoch – wahrscheinlich aufgrund von Überbevölkerung und neuer wirtschaftlicher Praktiken in Attika – seit dem 7. Jahrhundert in eine schwere Krise fiel.[214] Das Hauptproblem war, um es an dieser Stelle nur kurz zu umreißen, die Verarmung und Verschuldung eines großen Teils der Bevölkerung, was sich in der Faktionsbildung von zwei Gruppen niederschlug. Während die einen den *status quo* erhalten wollten, einem „Weiter so" das Wort redeten, forderten die anderen die *isomoiría*, die radikale Neuaufteilung des gesamten Landes an einen Jeden zu gleichen Teilen.[215]

Solon, der Anfang des 6. Jahrhunderts Archon wurde, konnte die akute Krise lösen, und zwar nicht im Sinne der einen oder anderen Partei, sondern durch den weitgehenden, öffentlich finanzierten Freikauf der verschuldeten Bürger, die sogenann-

212 *Christian Meier*, Kultur, um der Freiheit Willen. Griechische Anfänge – Anfänge Europas? München 2009, 295.

213 Vgl. ebd., 298f.

214 Vgl. *Bleicken*, Demokratie (wie Anm. 211), 23.

215 Vgl. *Meier*, Anfänge (wie Anm. 212), 296.

te „Lastenabschüttelung“ (*seisáchtheia*).[216] Dadurch wurden nicht nur ehemalige Schuldner, sondern auch Verbannte und Verkaufte aus der Fremde zurück in die Athener Gesellschaft geholt. Es war nun eben gerade diese großmütige Tat, die eine erste Nebenfolge bewirkte, die gerade jene Ordnung, die Solon noch zu retten gewusst hatte (denn die Hauptursache der Krise, die Herrschaft des Adels, stellte er nicht in Frage), unterminieren und zu ihrem Niedergang beitragen sollte. Denn Solons emphatisch umarmende Rückholaktion bestärkte das Gefühl der Bürger und die wieder erhaltene Möglichkeit, am Wirtschafts- und Sozialleben zu partizipieren. Das Einheits- und Zusammengehörigkeitsgefühl sei so stark gewesen, dass mit einem Male alles erreichbar schien: „Indem sich plötzlich vieles als denkbar, als möglich erwies, schienen sich neue Wege zu öffnen.“[217]

Das ‚Bürgergefühl‘ und die Verantwortung des Einzelnen für die Angelegenheit der Polis – das politische Zugehörigkeitsgefühl – sei, so führt Meier in einer jüngeren Studie aus, als es durch Solon geweckt war, auch nicht durch die auf dessen Reformen folgende, sich in Athen etablierende Tyrannis des Peisistratos geschwächt worden.[218] Im Gegenteil sorgten die wirtschaftlichen und infrastrukturellen Maßnahmen unter der Herrschaft des Peisistratos und seines Sohnes Hippias für ein Gedeihen der durch Solon gestreuten Saat. Die wirtschaftliche Blüte in Attika führte zu noch mehr Beteiligung der Bürger am Ausbau der Akropolis durch zahlreiche Weihgeschenke, Tragödienwettbewerbe wurden eingeführt und das Fest der Panathenäen wurde aufwändiger gestaltet. Doch führte diese Verbesserung des städtischen Lebens nicht zu einer Bestätigung der Tyrannis. Zu der unbeabsichtigten Nebenfolge der Solonischen Reformen gesellte sich nun eine zweite Nebenfolge, die die erste in ihrer Wirkung verstärkte: Die Tyrannen schufen „unwissentlich die Voraussetzungen für eine künftige breitere Beteiligung der Bürger an der Politik“.[219] So kommt es zu einem typischen Phänomen der das System unterminierenden Neben-

216 Ebd., 294.

217 Ebd., 300. Ähnlich, aber zurückhaltender als Meier auch *Bleicken*, Demokratie (wie Anm. 211), 25: „Dieser […] Gedanke [den Menschen in Attika ein Gefühl der Verantwortlichkeit für das Ganze geben zu wollen] gibt seinem Werk eine für seine Zeit eigentümliche politische Note und weist weit über sie hinaus in die Zukunft.“

218 *Meier*, Anfänge (wie Anm. 212), 304. Vgl. dazu *D. M. Lewis*, The Tyranny of the Peisistratidae, in: The Cambridge Ancient History, 2. Aufl. (CAH^2), vol. IV, hrsg. v. John Boardman / N.G.L. Hammond / D. M. Lewis / Martin Ostwald. Cambridge 1988, 287–303.

219 *Meier*, Anfänge (wie Anm. 212), 304.

folge. Das unbeabsichtigte Ergebnis ist nicht nur ein Unglück, Unfall oder reiner Zufall auf dem Weg, ein bestimmtes Ziel zu erreichen, sondern es liegt geradezu in der Logik des eigenen Programms, dass es sich selbst im Wege steht und nicht zur Erfüllung gelangt. Im Falle der Tyrannis der Peisistratiden in Athen äußerte sich das zu diesem Zeitpunkt deswegen, da sich „die Herrscher nicht [mehr, B.S.] mit der Polis in eins setzen" konnten; „weil das die Bürger waren". Und Meier setzt in der kategorischen Kraft kaum zu überbietender Determiniertheit hinzu: „Herrschaft ließ sich letztlich überhaupt nicht legitimieren."[220]

Der Fortlauf der Geschichte bestand nun darin, dass sich die Konflikte innerhalb des Adels über die Grenzen Athens ausdehnten. Die aus Athen verbannten und mit den herrschenden Tyrannen verfeindeten adligen Familien, angeführt durch den Alkmenoiden Kleisthenes, erzeugten einen dynamischen Prozess, in dessen Verlauf sich die Wirkung der Nebenfolgen entfalten konnte. Durch den großzügigen Neubau des Apollon-Tempels in Delphi gelang es Kleisthenes, die Gunst der Orakelpriester zu erlangen und deren diplomatischen Einfluss gezielt zu nutzen, um die Spartaner, die bei Pythia oftmals (auch politischen) Rat einholten, dazu zu bringen, die Peisistratiden in Athen als Tyrannen zu entsetzen.[221] Unter Umständen gelang es auch, diese Strategie umzusetzen, so dass die verbannten Familien wieder in die Stadt zurückkehren konnten. Doch die Spaltung des Adels blieb auch nach dem Ende der Tyrannis bestehen. Während eine Faktion unter Isagoras die alten Verhältnisse, also die Tyrannis wiederherstellen wollte, brauchten Kleisthenes und die anderen Rückkehrer neue Gefolgschaft, um sich in den Adelsrivalitäten zu behaupten.[222] Aus Eigeninteresse also wandte sich Kleisthenes an das Volk Athens und bot Mitsprache in politischen Angelegenheiten an.[223] Sein Plan war die Neuorganisati-

220 Ebd., 305.

221 *Hdt.*, V, 62–66; vgl. dazu *Meier*, Anfänge (wie Anm. 212), 308; *Lewis* in CAH², IV (wie Anm. 218), 300f. Dies geschah 510 v. Chr. Bereits vier Jahre zuvor scheiterte das Attentat der im späteren Athen als Tyrannenstürzer verehrten Liebhaber Aristogeiton und Harmodios, denen es nur gelang, einen Bruder, Hipparchos, zu ermorden. Über diesen „‚falschen' Gründungsmythos" (Egon Flaig) der Athener Demokratie geriet das Eingreifen der spartanischen Befreiungsintervention in Vergessenheit.

222 Vgl. *Bleicken*, Demokratie (wie Anm. 211)„ 42; weiterhin dazu ausführlich *Martin Ostwald*, The Reform of the Athenian State by Cleisthenes, in: CAH² IV (wie Anm. 218), 303–347, hier 305–307.

223 *Herodot* (V, 66, 2) spricht davon, dass Kleisthenes die gemeinen Leute in eine Partnerschaft geholt habe, indem sie seine Freunde bzw. Genossen (*hetairoi*) wurden. Vgl. auch die Stelle bei *Aristot.*, Ath. Pol, 20, 1. Vgl. zur Handlung Kleisthenes' aus Eigeninteresse auch *Meier*, Neubeginn (wie Anm. 196), 192 und 218; zustimmend *Bleicken*, Demokratie (wie Anm. 211), 351.

on der Bürgerschaft, die sich auch in der sogenannten Kleisthenischen Phylenreform realisierte. Auf die welthistorische Bedeutung des Ereignisses, dass dieses Reformangebot und die ihr folgende „profunde politische Transformation" (Lévêque / Vidal-Naquet) ausmachte, ist vielfach aufmerksam gemacht worden.[224] Christian Meier hat diese Reform als „Institutionalisierung der bürgerlichen Gegenwärtigkeit" bezeichnet; zusammengenommen mit den jetzt wirksam werdenden Nebenfolgen, die den „Trend zur Isonomie" vorantrieben, ergab sich die Befreiung der Bürger „als Nebeneffekt von selbst".[225]

Das erneute militärische Eingreifen der Spartaner, dieses Mal für die Seite des Tyrannenanwärters Isagoras Partei nehmend, befeuerte die politische Handlungsverantwortlichkeit der Athener Bürger nur noch. Ähnlich den neuzeitlichen Revolutionskriegen versuchten nicht nur Sparta, sondern auch andere Städte unter Adelsherrschaften, die Athener wieder der alten Ordnung zu unterwerfen. Doch zum Erstaunen der Gegner wehrten sich die Athener Bürger gegen alle Interventionen mit Erfolg, so dass hier eine dritte Nebenfolge wirksam werden konnte. Sparta und die anderen Städte provozierten mit ihrer Haltung das Gegenteil dessen, was sie

---

224 Vgl. z.B. *Greg Anderson*, The Athenian Experiment. Building an Imagined Political Community in Ancient Attica, 508–490 B.C. Ann Arbor 2003, 5; *Mogens Herman Hansen*, The 2500th Anniversary of Cleisthenes' Reforms and the Tradition of Athenian Democracy, in: Robin Osborne / Simon Hornblower (Hrsg.), Ritual, Finance, Politics. Athenian Democratic Accounts. Presented to David Lewis. Oxford 1994, 25–39; *Ostwald* in CAH² IV (wie Anm. 218), 309; *Pierre Lévêque / Pierre Vidal-Naquet*, Clisthène l'Athénien. Essai sur la représentation de l'espace et du temps dans la pensée politique grecque de la fin du VIe siècle à la mort de Platon. (Annales littéraires de l'Université de Besançon 65) Paris 1973, 65; zur Bewertung der Phylenreformen in der Forschung vgl. *Wolfgang Schuller*, Griechische Geschichte. (Oldenbourg Grundriss der Geschichte 1A) 6., aktualisierte Aufl. München 2008, 126–128; zur Frage nach der „Originalität" des Kleisthenes und dieser Reform, also ob es schon frühere Isonomien gab, bereits *Martin Ostwald*, Nomos and the Beginnings of Athenian Democracy. Oxford 1969, 161–174; zur Vermutung einer ähnlichen, zu Athen zeitgleichen demokratischen Verfassung in Argos vgl. *Michael Wörrle*, Untersuchungen zur Verfassungsgeschichte von Argos im 5. Jahrhundert v. Chr. Bonn 1964; kritisch dazu *Hartmut Leppin*, Argos. Eine griechische Demokratie des 5. Jahrhunderts v. Chr., in: Ktema 24 (1999), 297–312, der die Ähnlichkeiten zu Athen für übertrieben hält; gegen die Annahme der gleichzeitigen Entstehungen von siziliotischen Demokratien: *Shlomo Berger*, Democracy in the Greek West and the Athenian Example, in: Hermes 117 (1989), 303–314; eine interessante, aber außenseiterhafte Position nimmt *Yves Schemeil*, Democracy before Democracy?, in: International Political Science Review 21 (2000), 99–120, ein, der das demokratische Verfassungsprinzip (nicht so sehr aber das Ideal politischer Gleichheit, wie es in Athen aufkommt) schon in den Herrschaftssystemen Mesopotamiens und Ägyptens wirksam sieht; weiter dazu *Matthew Martin III / Daniel C. Snell*, Democracy and Freedom, in: Daniel C. Snell (Hrsg.), A Companion to the Near East, London 2005, 419–429.

225 *Meier*, Entstehung (wie Anm. 182), 123.

erreichen wollten. Nicht Unterwerfung unter eine Tyrannis oder (als eigentliches politisches Ziel der Isonomie-Gegner) eine Adelsherrschaft war die Folge ihrer Strategie, sondern die Stärkung der Isonomie, die nun gar den außenpolitischen Erfolg der Athener Polis für sich verbuchen konnte. Der nicht erwartete Bürgerwiderstand war somit eine Konsequenz mehrerer Umstände, von denen die Phylenreform nur die letzte Vollendung darstellte.[226] Das Zusammentreffen mehrerer unbeabsichtigter Nebenfolgen hat ein Gemeinschaftsgefühl der Athener Bürgerschaft entstehen lassen, die sich nicht von anderen führen zu lassen brauchte, sondern die sich selbst als politische Macht wahrnahm und von nun an keiner Kontrolle außer der ihr selbst innewohnenden untergeordnet werden konnte.[227]

Zusammenfassend kann man sagen, dass die Bürger Athens sich paradoxerweise nicht selbst zur Freiheit verholfen haben. Vielmehr konnte in der historisch einmaligen Situation durch das Zusammentreffen verschiedener Nebenfolgen eine Isonomie entstehen, die sich dann zur demokratischen Verfassung ausbildete. Insofern wäre es ebenso falsch, die Entstehung der Demokratie in Athen als Zufall oder Unfall innerhalb des historischen Prozesses zu betrachten, wie es unwahrscheinlich wäre, sie als Absichtserfüllung bestimmter Individuen oder Kollektive zu deuten. Der Zufall als historisches Argument löst sich in der Koinzidenz der Nebenfolgen auf, wo-

---

226 Zur Bedeutung des athenischen „Volksaufstands" vgl. *Egon Flaig*, Der verlorene Gründungsmythos der athenischen Demokratie. Wie der Volksaufstand von 507 v.Chr. vergessen wurde, in: HZ 279 (2004), 35–61, bes. 46–49. Vgl. auch *Josiah Ober*, The Athenian Revolution. Essays on Ancient Greek Democracy and Political Theory, Princeton 1996, 32–52. Beide Autoren entwerfen Thesen, die der Behauptung Meiers, es handele sich bei den Ereignissen von 507 um eine „Revolution", widersprechen wollen. Flaigs Gegenargument, das Volk habe „nicht das Ziel einer ‚neuen' politischen Ordnung" (49) gehabt, lässt sich damit kontern, dass weder das Volk noch Kleisthenes ein solches Ziel gehabt habe, sondern dass hier unintendierte Nebenfolgen wirksam wurden, die mit dem Ereignis der Faktionskämpfe ihre Wirkung entfalten konnten. Ebenso spricht die Nebenfolgenthese gegen die zu Flaig kontrastierende Annahme Obers, der Athener Rat der 400 habe sich, ähnlich wie die Französische Nationalversammlung am 23. Juni 1789 gegen den König, in eigenständigem Bewusstsein, ohne die Führung Kleisthenes', gegen den spartanischen König Kleomenes aufgelehnt; die Nebenfolgen begünstigen lediglich das Ergreifen der „revolutionären" Eigeninitiative, wobei diese jedoch nicht bewusst angestrebt wurde. Flaig bemerkt etwas spöttisch, „Hegel hätte den Oberschen Kleisthenes freudig ins Album der Genien idealistischer Geschichtsphilosophie eingeschrieben" (51). Das Nebenfolgentheorem argumentiert zwar ähnlich Hegels Vorstellung einer Selbstverwirklichung von Ideen in der Geschichte, ist aber im Gegensatz dazu ideologie- und teleologiefrei aufzufassen, da es für jede Nebenfolge auch einen (unbewussten) Verursacher oder eine spezifische Ursache aufzeigen kann!

227 So sieht z.B. *Herodot* (V, 78) den militärischen Sieg der Athener Bürgerschaft über die Spartaner und die Anhänger des Isagoras als Beweis für die Überlegenheit der Freiheit öffentlicher Rede (*isagoreia*).

rin auch das spezifisch Geschichtliche dieses Ereignisses besteht.[228] Die Anteilnahme der Bürger am Geschehen, welches sie – *ex post* betrachtet – doch so direkt anging, war bis zum Moment der Gegenwehr gering; sie hatten „sich politisch bis dahin nicht hervorgetan", waren „um es pointiert zu sagen – mehr Bürger als Politiker".[229] Die vom Adligen Kleisthenes in Gang gebrachte Phylenreform dagegen hatte die Etablierung der Isonomie als unintendierte Konsequenz.[230] Insofern war die Etablierung der ersten Demokratie der Weltgeschichte überhaupt von allen nicht beabsichtigt worden und stellt ein Beispiel *par excellence* für die Bedeutung nicht gewollter Nebenfolgen im historischen Verlauf dar.

Das Bewusstsein für Nebenfolgen im politischen Denken der Griechen

Es ist also deutlich geworden, dass im Falle der Entstehung der Demokratie Nebenfolgen wirksam wurden, die in der Interpretation der Historiker Athens als maßgeblich erkannt werden und Eingang in ihre Erzählungen finden. Doch wie stand es mit dem reflexiven Bewusstsein der Athener für diese Rolle der Nebenfolgen, die an der Herausbildung ihrer politischen Bewusstheit einen so großen Anteil hatten? Ließe sich tatsächlich von einer Mündigkeit sprechen, wenn man nicht um die Unbestimmtheit seiner eigenen Freiheit weiß? Tatsächlich kann man diese Frage, die sich Meier konsequenterweise ebenfalls stellt und für deren Beantwortung er eine höchst originelle Analyse des Athener Geistesleben anstellt, auf die hier sogleich ausführlich eingegangen werden soll, nicht so genau beantworten. Wie die Athener ihre „Befreiung" im Jahre 510 v.Chr. aufnahmen, kann man nicht mehr rekonstruieren. Lediglich aus späteren Darstellungen weiß man, dass man sich der spartanischen Hilfe bei der Entsetzung der peisistratidischen Tyrannie ungern erinnerte und stattdessen die gescheiterten Tyrannenmörder Harmodios und Aritogeiton verehrte.[231] Doch

---

228 Vgl. *Reinhart Koselleck*, Der Zufall als Motivationsrest der Geschichtsschreibung, in: Vergangene Zukunft. Zur Semantik geschichtlicher Zeit. Frankfurt am Main 1989, 158–175, hier bes. 159 u. 174f.

229 *Meier*, Entstehung (wie Anm. 182), 115

230 Vgl. *Bleicken*, Demokratie (wie Anm. 211), 43: „Isonomie war nicht der Schlachtruf, der in diese Reform führte, sondern sie war deren Konsequenz."

231 Vgl. *Meier*, Anfänge (wie Anm. 212), 308. Den beiden Liebhabern gelang es nur, den Bruder des Tyrannen Hippias zu töten. Nach dem Anschlag verschärfte sich das Regiment der Tyrannis in der Stadt.

wenn man die Tragödien und Komödien, die in Athen geschrieben und zur Aufführung kamen, als Quelle daraufhin untersucht, inwiefern die Athener ihre eigene Bedeutung als politische Akteure in der neuen Ordnung zu werten hatten, ergibt sich eine andere und durchaus „reflexive" Auseinandersetzung der Athener mit ihrer Gesellschaft.

Christian Meier unternimmt diese Untersuchung anhand der Tragödientrilogie des *Aischylos*, der Orestie, die, chronologisch in vorarchaische Zeit zurückverlegt, die Umstände der Rückkehr Agamemnons aus dem Trojanischen Krieg zum Thema hat. Die Orestie ist meines Erachtens ein Gleichnis für die Dynamik der Nebenfolgen im politischen Denken der Griechen. Meier sieht in ihr eine historische Reflexion des näher zurückliegenden Ereignisses des Übergangs von der tyrannischen bzw. aristokratischen Ordnung zur neuen Ordnung der Isonomie durch die kleisthenische Phylenreform. Diese beiden Sichtweisen schließen sich nicht aus, sondern ergänzen einander. Dabei wird deutlich, dass die Athener sich gerade im Angesicht ihrer von Nebenfolgen begleiteten Geschichte als verantwortlich für ihr Schicksal anerkennen und aus dieser Einsicht ihre Kraft erwächst, sich immer wieder neu zu reformieren und zu erfinden. Mit anderen Worten ließe sich sagen, dass in der neuen Ordnung die Zukunft ebenso wie die Vergangenheit offen ist; der Erwartungshorizont spannt sich für die Athener als eine unsichere Zukunft auf, die sich nicht mehr direkt aus den Gewohnheiten des Erfahrungsraumes vorhersagen lässt. Die alten Regelmäßigkeiten sind keine mehr, die Welt der alten Götter, wie sie uns in der Orestie noch einmal begegnet, ist untergegangen. Stattdessen hat sich ein neuer Gedanke verbreitet: Die Zukunft, das politische Schicksal einer Stadtbevölkerung, ist nicht mehr von oben bestimmt und höheren Kräften ausgeliefert, sondern sie birgt Möglichkeiten für eigene Gestaltung und Veränderung in sich selbst.

Beginnen wir also mit dem Schicksal des Orest, der nach dem Mord an seiner Mutter Klytaimestra von den Erinyen verfolgt wird. Die Schreckenstat begang er in der Absicht, den Frevel des Vater- und Gattenmordes durch Klytaimestra und ihren Liebhaber Aigist, die sich an Agamemnons statt zu Tyrannen über Argos erhoben hatten, zu rächen. Die Erinyen sind alte Rachegöttinnen, älter als die olympischen Götter, wie Zeus, Athene und Apoll, welche anders als die Erinyen starken Anteil an den Leiden des unglücklichen Helden nehmen. Als verkörpertes schlechtes Gewissen lassen sie nicht davon ab, den Muttermörder zu quälen, auch dann nicht, als dieser von Apollon rituell entsühnt wird. Da diese Entsühnung von den alten Göttinnen, im offenen Widerspruch zu den jüngeren Göttern Apollon und Athene, die beide Partei

Abbildung 1: William Adolphe Bouguereau, The Remorse of Orestes (1862). Öl auf Leinwand. Chrysler Museum of Art, 71.623.

für Orest ergreifen, nicht anerkannt wird, geht Orest schließlich, auf Geheiß Apolls, nach Athen, um dort die Hilfe der Athene zu erbitten. In Athen übergibt die Göttin die Angelegenheit an das Gericht der Menschen, den Areopag, zur Wahlentscheidung. Dieser hält dann in einer regelrechten Urszene der Rechtssprechung eine Gerichtsverhandlung ab, bei der die Erinyen ihre Klage vorbringen, Orest entgegnet und Apollon ihn verteidigt. Nachdem das Votum unentschieden ausfällt, entscheidet Athene, die als letzte zur Urne geht, zugunsten Orests, der daraufhin frei ist.

An dieser Stelle erleben die Athener eine Nebenfolge. Meier nennt sie, Rainer Specht folgend, eine „Folgelast".[232] Da die Erinyen die Entscheidung des Gerichts

232 *Meier*, Entstehung (wie Anm. 182), 161. Man ist nicht verwundert, dass Meier in der Folgelast und der drohenden Strafe der Erynien die Warnung des Aischylos vor dem Bürgerkrieg zu erkennen meint (vgl. ebd., 162, Anm. 53).

nicht anerkennen, greifen sie zu Gewaltmitteln und drohen, Athen zu bestrafen. Der Schutzgöttin Athene gelingt es, um dieses Schicksal abzuwenden, einen Kompromiss mit den Rachegöttinnen auszuhandeln: Die Athener sollen diese mit kultischen Ehren weihen und auch weiterhin deren moralische Gebote der Rache beachten. Die Erinyen sind daraufhin besänftigt und wandeln sich zu den „wohlmeinenden" oder „wohlgesinnten" Gottheiten, den Eumeniden.

Soweit die kurze Zusammenfassung der Handlung. Was erscheint an dieser Geschichte nun im Besondern politisch bzw. als Hinweis auf die Reflexionsfähigkeit und das Nebenfolgenbewusstsein der Athener? Der Schlüssel zum Verständnis für Meiers Interpretation, mit der er sich einer Antwort auf diese Frage nähert, ist, dass das Verhältnis der Götter untereinander auf die historische Situation des Wandels bei den Menschen bezogen werden muss. Die Götter, alte, von Urkräften wie der Nacht (*Nyx*) stammende, wie die Erinyen, auf der einen Seite und junge, von anderen älteren Göttern abstammende, in der Genealogie nicht so elementar verortete, wie eben die Olympier, stehen bei Aischylos für die politische Ordnung. Die alte Ordnung, in der Adlige und Tyrannen über die einfachen Menschen herrschen, sei von Ehrvorstellungen bestimmt gewesen, bei denen die Blutrache eine wesentliche Rolle spiele. Die jungen Götter stehen in ihrer Parteinahme für die Belange und Interessen sowohl des Einzelnen (Orest) als auch jenen des Kollektivs (Athen) in Opposition zu dieser alten Ordnung. Wenn es nach ihnen ginge, würden sie die alten Rachegesetze der Erinyen gerne stillschweigend übergehen und die Frage nach Schuld oder Unschuld den Aushandlungssystemen der Menschen überlassen. Doch stellt sich die archaische Gefühlsgesinnung ganz bewusst gegen diese „moderne", handlungspraktische Vorstellung. Denn immerhin geht es um einen Muttermord, der unbedingt gerächt werden muss, und die Erinyen vertreten diese Forderung (vielleicht, weil sie sonst kein anderer mehr vertritt) mit allem Nachdruck. Das aus der Unnachgiebigkeit beider Partien resultierende Patt hat den Konflikt zur Folge, aus dem als Nebenfolge die neue Rechtsordnung erwachsen konnte.

Nun ähnelt diese Pattsituation der Krisensituation, in der sich die Adelsfaktionen nach dem Sturz der Peisistratiden in Athen befand. In beiden Fällen handelt es sich um den Austrag von Parteilichkeiten und „nur infolge des Austrags der Parteistandpunkte kommt es zum neuen Recht".[233] Wie die Isonomie eine Nebenfolge des An-

233 Ebd., 185.

gebots von Kleisthenes an die Bürgerschaft zu mehr Mitsprachrecht war, um diese auf seine Seite zu ziehen, so ist die neue Rechtsordnung Athens in der Orestie eine Nebenfolge, die gleichwohl von den Parteigängern der Menschen, nämlich Athene, Apoll und auch Zeus, der dies alles stillschweigend gut heißt, befördert wurde. Doch das Erstaunliche ist, dass sich die olympischen Götter kaum dieser Nebenfolge, ebenso wenig wie Kleisthenes im anderen Fall, bewusst waren. Obwohl der Konflikt so tief geht, „daß er die Basis durchbricht, auf der man gelebt hat“, habe es so ausgesehen, „wie wenn Apollon das gar nicht wüßte“. Derart bestätigt Meier die Diagnose der verdeckten Dynamik der Nebenfolgen, die die Akteure aufgrund ihrer Fixierung auf die Verfolgung ihrer Absichten so sehr ablenken würden, dass ihnen, seien sie nun Götter oder nicht, das eigentliche historische Geschehen entgehe:

> „Vordergründig und in der Intention der Beteiligten geht es ausschließlich um die eigenen Ansprüche. Das Wesentliche, die Auseinandersetzung um die Rechtsordnung vollzieht sich im Hintergrund. Nur die Erinyen können es aussprechen, weil das temporale Argument des Alten sie begünstigt. Es ist ganz so, wie die Dinge sich im Politischen vermutlich zugetragen haben.“[234]

Der gefundene Kompromiss der Aushandlungsbemühungen Athenes mit den Erinyen hat aber nicht nur parteiische Konsequenzen für die jeweiligen Seiten, sondern wirkt sich ebenso auf die nun in Athen neu geschaffene Ordnung aus. Einerseits steht der Verhandlungserfolg für die stabilisierende Wirkung der agonalen Diskussion und der Überzeugungskraft. Auf der Agora, dem griechischen Forum, findet der politische und verbal ausgetragene Wettstreit statt (*agathôn éris*). Somit gehöre der Sieg in diesem Kampf nicht nur Athene, sondern dem Schutzherrn der Agora: „Doch triumphiert“, so zitiert Meier aus den Eumeniden (973), „hat hier Zeus Agoraios. Unser wetteifernder Streit um das Gute ist siegreich auf Dauer.“[235] Die Herbeiführung und Sicherung des Friedens hänge, so Meier weiter, in hohem Maße von der Versöhnung der immer noch gefährlichen Unterlegenen ab. Durch den Überzeugungssieg und die anschließende Besänftigung schafft man sich nämlich aus den alten Feinden, die mit Bürgerkrieg, Krankheit und sonstigem Verderben drohten, die wohlmeinenden Göttinnen, die der Stadt zusätzlichen Schutz geben.[236]

---

234 Ebd.

235 Ebd., 196.

236 Zum „wissenden Gott“ Zeus Agoraios vgl. *Hugh Lloyd-Jones*, The Justice of Zeus. 2. Aufl. Los Angeles/Berkeley 1983.

Und gerade dieser zusätzliche Schutz bestehe in der Inkorporation der alten Prinzipien, für die die Eumeniden stehen. Ganz im Sinne Hobbes' sei ein Leviathan, ein *deinón*, für die Erhaltung des Friedens notwendig. Man brauche, so lässt Aischylos Athene ausrufen, ein Angst einflößendes Element in der Stadt und dieses erkenne man im Gericht des Areopags,

> „ein rechtes Bollwerk für das Land, ein Heil des Staates | So wie's der Menschen keiner hat, der Skythe nicht | Noch aus des Pelops nahe Landschaft, habt dann ihr | in diesem Rate, unbestechlich, ehrenhaft, Dem Frevel zornig, wie ich ihn bestellt hab' | Zur immer wachen Hut im Land, wenn alles schläft."[237]

So bleibe von der alten Ordnung ein Element der Herrschaft bestehen, das die ausgleichende Funktion zwischen Herrschaft und Freiheit eines Gegengewichts innerhalb der neu etablierten Demokratie haben solle.[238]

Ob nun dieses Element der schützenden Gewalt bei Aischylos tatsächlich einen so hohen Wert hat, wie Meier es ihm zuschreibt, bleibt fraglich. Die Gefahr des Bürgerkriegs steht für Meier, der hier in der Diktion Schmitts weiter argumentiert und den Text der Orestie in Übersetzungsvariationen in dieser Hinsicht recht präskriptiv auslegt, in der Parallelisierung von Erinyen und Areopag im Vordergrund. Zwar wünschen die Eumeniden der Stadt, dass niemals Bürgerkrieg ausbreche, doch ebenso drohen sie der Stadt als Erinyen mit anderen Verderbnissen, wie z. B. der Pest. Lässt man die Freund-Feind-Idee beiseite, die sich nach Meiers Lesart möglicherweise herauslesen lässt, aber keineswegs die Behauptung genügend stützt, dass „für Aischylos bei seiner ‚Analyse' dieselben Kategorien wichtig wurden wie für Carl Schmitt angesichts der Bedrohung der neuzeitlichen Staatlichkeit",[239] so gilt doch, dass die Nebenfolge des Konflikts zwischen alten und neuen Göttern von Aischylos begrüßt wurde. Schließlich eröffnet sich hier das tiefe Verständnis für den historischen Prozess, das Aischylos in seinem Stück erkennen ließ und das von seinem Publikum, das ja die kurz zurückliegenden politischen Ereignisse vor Augen hatte, sicherlich nicht unbemerkt blieb. Die neue Ordnung, von der die Bürger, die zur Athener Isonomie gehörten, profitierten, verdankte sich ja dem Parteienkonflikt als solchem und auch Einzelner ihrer Parteigänger. Der Respekt und die Verehrung, die den alten und jun-

---

237 *Aischylos*, Eumeniden 699ff., Übers. nach: *ders.*, Tragödien, übers. v. Johann Gustav Droysen. Hamburg 1958, 294.

238 Vgl. *Meier*, Entstehung (wie Anm. 182), 203.

239 Ebd., 219; vgl. auch 222.

gen Göttern in Aischylos' Drama entgegengebracht wurden, gilt somit auch den jeweiligen Faktionen, auch den Unterlegenen, die aus den ehemaligen Feinden Freunde und Förderer des neuen Gemeinwesens machten.[240]

Die Einsicht in die Dynamik der Nebenfolgen in der Geschichte der Entstehung der Athener Demokratie tritt bei Aischylos deutlich zutage. Freilich geht er dabei weiter, als nur im Augenblick dieser Einsicht zufrieden innezuhalten, vielmehr verliert er die Bedingungen der Möglichkeit von Nebenfolgen nicht aus den Augen. Denn gleichsam dialektisch hebt die neue Ordnung, die Elemente und Parteiungen der alten Ordnung in sich weiter auf, doch stellt sie diese dann in ein neues, man kann an dieser Stelle mit gutem Recht sagen: in ein reflexives Verhältnis zueinander. Nicht zuletzt aufgrund dieses reflexiven Umgangs mit Nebenfolgen, die ebenso einen gefährlichen, zerstörerischen und katastrophischen Ausgang hätten nehmen können, war es möglich, dass sich die Athener Demokratie als nachahmenswertes Erfolgsmodell herausbilden konnte.

Krise und die Reform der Nebenfolgen nach dem Peloponnesischen Krieg

Die Demokratie in Athen basierte auf dem Zusammenhaltsgefühl der Bürger, das als Nebenfolge der Solonischen Reformen, der wirtschaftlichen und strukturellen Kontinuität unter den Peisistratiden und des Mitspracheangebots des Kleisthenes an die Bürgerschaft, welches seine Phylenreform darstellte, oben beschrieben wurde. Mit der Ermächtigung der Volksversammlung unter Ephialtes, an Stelle des Areopags die Befugnisse über die Verwaltung und weitgehend jene über die Gerichtsbarkeit zu übernehmen (462/1), wurde indes das Gleichgewicht zwischen der alten Adelsordnung, deren maßgebliches Organ der Areopag war, und der neuen Bürgerordnung zugunsten der Letzteren aufgegeben. Von diesem Zeitpunkt an koinzidierten die demokratischen Bestrebungen mit den sich herausbildenden Ambitionen der Athener, den Delisch-Attischen Seebund vom Bündnissystem gegen

240 Vgl. auch *Flaig*, Gründungsmythos (wie Anm. 226), 58 f., der das „Vergessen" und die „Geschichtsklitterung" des eigentlichen Bürgeraufstandes gegen den Adel im Jahre 507 v. Chr., in dem dieses Ereignis mit dem Gedächtnis an den „Tyrannenmord" durch Aristogeiton und Harmodios verdrängt wurde, damit begründet, dass man die damit auch verbundene Erinnerung an den Bürgerkrieg tilgen wollte und somit eine einträchtige Bürgerschaft beschwor.

die Perser, als der er ursprünglich gegründet worden war, zu ihrem imperialen Herrschaftsinstrument auszubauen. Demokratie und Imperialismus gingen eine Symbiose ein, in der die Tributzahlungen der Bündnisstädte an Athen die Finanzierung der Diäten, die seit Perikles an die Volksversammlung gezahlt wurden, gewährleistet wurden. Tatsächlich aber wurde die Bildung des Athenischen Seereichs in der Ägäis von zahlreichen Nebenfolgen begleitet, die zur Krise der Demokratie in Athen und der Niederlage im Peloponnesischen Krieg führten.

Nach dem Seesieg gegen die Perser bei Salamis 480 v. Chr. galten die Athener gewissermaßen bei allen griechischen Poleis auf der Peloponnes, den Inseln und in Kleinasien als Retter ihrer Freiheit.[241] Doch die Athener verspielten diesen guten Ruf, indem sie ihren Erfolg und ihre Überlegenheit als größte Seemacht des Mittelmeers allzu maßlos auskosteten. Thukydides, der scharfsinnige Historiker des Peloponnesischen Kriegs, sieht schon in der Gründung des Delischen Bundes als Verteidigungsbündnis gegen die Perser einen Vorwand (*prophasis*) für die imperialen Bestrebungen Athens und spricht später hinsichtlich des Hauptgrundes für den Kriegsausbruch – der Furcht Spartas vor der wachsenden Macht Athens – von einer „Notwen-digkeit“ (*ananke*), die die Spartaner zwang, den Krieg zu beginnen.[242] In ge-

241 Zur Entstehung der Idee der politischen Freiheit in den griechischen Städten während des Kriegs gegen die Perser, unter der Herrschaft des Athener Seereichs und deren Gebrauch in der Athener und Spartaner Propaganda während des Peloponnesischen Kriegs vgl. *Kurt Raaflaub*, Die Entdeckung der Freiheit. Zur historischen Semantik und Gesellschaftsgeschichte eines politischen Grundbegriffs der Griechen. (Vestigia. Beiträge zur alten Geschichte 37) München 1985.

242 Vgl. *Thuk.* I, 23, 6. Thukydides unterscheidet bei der Erklärung des Kriegsausbruchs zwischen Anlass (*prophasis*) und „Ursachen“ (*aitiai*) als Gründe für Beschwerden, die den Krieg auslösten. Die moderne Forschung fügt lediglich Thukydides' Katalog der Anlässe weitere hinzu. Die Hauptursache hingegen, die er an dieser Stelle nennt, wird offenbar auch heute von den meisten Historikern als wahrer Kriegsgrund übernommen. Vgl. zu dieser Frage *D.M. Lewis*, The Archidamian War, in: CAH², V (wie Anm. 218), 370–433; *Helmut Vretska* und *Werner Rinner* in der Reclam-Ausgabe des Peloponnesischen Kriegs (Stuttgart 2000), 736 f., Anm. 23.; eine Ausnahme stellt *Virginia Hunter*, Thucydides, the Artful Reporter. Toronto 1973, dar, die glaubt, Thukydides habe andere Absichten und Tatsachen, die seine strategische Analyse und das dramatische Gesamtbild beeinflussen hätten können, unterschlagen. Dass die Gründung des Delisch-Attischen Seebundes gegen die Perser einen Vorwand für andere Ziele darstellt, bestätigt *Hunter R. Rawlings III*, Thucydides on the Purpose of the Delian League, in: Phoenix 31.1 (1977), 1–8; dem widerspricht *A. French*, Athenian Ambitions and the Delian League, in: Phoenix 33.2 (1979), 134–141; *P. J. Rhodes* (in CAH², V (wie Anm. 218), 36, Anm. 8) glaubt aber dennoch, dass *prophasis* als „Vorwand“ zu übersetzen ist, auch wenn damit nicht direkt eine imperiale Expansions*absicht* zu implizieren ist: „Athens may not have had ulterior motives from the beginning, but she soon found ways of using the league to her own advantage, and by the third quarter of the century was openly treating the League as Athenian empire.“

wisser Weise lässt sich Thukydides' Analyse als historische Erzählung der langfristig wirkenden Nebenfolgen auslegen. Zu diesem Zweck beginnt er seine Suche nach den Kriegsursachen, dem „wahren Grund", auch in der langen Vorgeschichte, die er im ersten Buch von der mythischen Vorzeit (*Archaiologia*) bis zum fünfzigjährigen Zeitraum zwischen dem Ende des zweiten Perserkriegs und dem Beginn des Peloponnesischen Krieges (*Pentekontaëtie*) behandelt. Offenbar waren die „Streitigkeiten" zwischen Athen, Sparta, Korinth und Megara, um nur beispielhaft einige Beteiligte an den Auseinandersetzungen zu nennen, als Erklärung, wie es zum Krieg kam, für Thukydides nicht zufriedenstellend genug. Man kann daher einmal mehr mit Christian Meier fragen: „Mußte da nicht Größeres im Spiel sein, langfristig Angelegtes, nicht ‚irgendwie' Zustandegekommenes; so daß es einen Sinn ergab?"[243]

Ist jedoch diese Zwangsläufigkeit des Krieges aus der Grundkonstellation der athenischen Verfassung nach dem Persischen Krieg heraus durch Nebenfolgen induziert worden? Meiers Überlegungen zum historischen Prozess des 5. Jahrhunderts führen nicht zu diesem, sondern zu einem anderen Schluss, der aber signifikante Ähnlichkeiten mit der Erklärung der Geschichte des Krieges und der Krise der Demokratie in Athen als eines Nebenfolgenprozesses aufweist. Auch Meier weist in seiner Abhandlung zur Athener Geschichte darauf hin, dass nicht nur die „Erweiterung von Athens Macht, sondern auch die der Ausbildung der radikalen Demokratie, der Politisierung und Mobilisierung seiner Bürgerschaft, die über Jahrzehnte ein Ausmaß erreichte, das seinesgleichen sucht", durchaus von einem Prozess der Zwangsläufigkeit gekennzeichnet war.[244] Zwar sei Athen im Peloponnesischen Krieg einer „‚Verblendung', in der einem Schlimmes als gut erscheint", erlegen. Doch erscheint ihm gerade die mit der Demokratie in Athen gefundene Antwort auf „eine der ungeheuersten Herausforderungen der Weltgeschichte" als ruhmvolles Ende dieser realgeschichtlichen Tragödie.[245] Das Meier'sche Motiv der Tragödie, das im historischen Prozess in seiner Zwangsläufigkeit und scheinbar paradoxalen Lösung der dramatischen Aporie ähnlich wie in seiner Analyse der Entstehung des Politischen bei den Griechen zu Tage tritt, lässt sich vielleicht weniger metaphorisch, aber mit dem gleichen Bedeutungsgehalt, nämlich als Geschichte der unintendierten Nebenfol-

243 *Meier*, Neubeginn (wie Anm. 196), 592.

244 Vgl. ebd., 593.

245 Vgl. ebd., 594.

gen beschreiben. Im Folgenden soll daher kurz der Hergang eines von Nebenfolgen begleiteten Prozesses der Krise des athenischen Staates dargestellt werden.

In der neuen politischen Ordnung nach der Kleisthenischen Phylenreform, deren Demen, Trittyen und Phylen als politische Einheiten in einem Maße akzeptiert wurden, das keiner erwartet hatte, erhielt die Gemeinschaftserfahrung der Athener in den Perserkriegen einen katalysatorischen Effekt, der den Partizipationsdrang der Bürgerschaft an der Politik weiter befeuerte. Die Hopliten als Landstreitmacht hatten sich im ersten Perserkrieg bei Marathon unter Miltiades für die Polis und ganz Griechenland beweisen können, und die Theten, als vierte und niedrigste Zensusklasse der Solonischen Verfassung, taten es ihnen in der Schlacht bei Salamis unter ihrem Führer Themistokles nach, vielleicht sogar mehr als das. Denn gerade die Beteiligung der Masse der einfachen Ruderer (*nautikos ochlos*) galt schon den antiken Historikern als bedeutender Faktor bei der Etablierung der Demokratie.[246] Themistokles war somit der erste in der Reihe von Individuen, die das Volk durch ihr Charisma für sich und ihre Ziele einnehmen und so der Demokratie in Athen zum Durchbruch verhelfen konnten. Schon in diesem besonderen Verhältnis, das zwischen der Volksversammlung und seinen Führern bestand, liegt das Potential von den Nebenfolgen, die am Ende des 5. Jahrhunderts in den oligarchischen Bewegungen gegen die Demokratie ihren Ausdruck fanden. Hartmut Leppin hat zwar darauf hingewiesen, dass dieser Unterschied zwischen der Masse und den Wenigen, die auch in einer Demokratie herrschen, zumindest im Werk des Thukydides nicht bestünde. Vielmehr ging es diesem um eine stabile Ordnung des geglückten Interessenausgleichs zwischen beiden Gruppen, der sozusagen einer Anomie in der Polis (wie z. B. in Folge der Seuche im zweiten Buch des *Peloponnesischen Kriegs*) und somit auch den negativen Folgelasten der inneren Faktionskämpfe vorbeugen sollte.[247]

Doch die Gegnerschaft zwischen den Oligarchen und Demokraten bestimmte auch nach dem Perserkrieg die Innenpolitik Athens. Eine direkte, vielleicht von allen Beteiligten unbeabsichtigte Nebenfolge dieser Faktionskämpfe war die Entfremdung von dem seit jeher oligarchisch regierten Sparta. Die Gemeinsamkeiten beider Poleis beschränkten sich in den Jahren nach 480 schon lange nur noch auf die temporäre Gegnerschaft zu den Persern. Als Athen unter seinem General Kimon, dem

246 Vgl. *Ps.-Xenophon*, Ath. Pol. I, 2 und *Aristot.*, Ath. Pol. 27, 1.

247 Vgl. *Hartmut Leppin*, Thukydides und die Verfassung der Polis. Ein Beitrag zur Ideengeschichte des fünften Jahrhunderts vor Christus. Berlin 1999, 101f. und 180.

Sohn des Miltiades, Parteigänger der Athener Oligarchen und ein sogenannter *philolakon*, den Spartanern militärische Unterstützung im dritten Messenischen Krieg anbot, lehnten diese die Hilfe aufgrund der Befürchtung ab, die Heloten, welche sich zu dem Zeitpunkt im Aufstand gegen ihre spartanischen Herren befanden, würden aufgrund des Radikalismus (*neoteropoiia*) der anwesenden Athener weiter zu ihrer Rebellion ermuntert.[248] Daraufhin hoben die Athener das gemeinsame Bündnis gegen die Perser auf und verbündeten sich stattdessen mit den Argeiern, die Feinde Spartas auf dem Peloponnes waren. Die Abwesenheit seines Hauptgegners Kimon nutzte dann Ephialtes für seine innenpolitische Reform, in deren Vollzug der Areopag weitestgehend von seinen juridischen Funktionen (*kriseis*) befreit wurde.

Die Athener Bürgerschaft gewöhnte sich innerhalb weniger Jahre derart an ihre politischen Mitspracherechte, dass die weitere Demokratisierung der Gesellschaft und der politischen Strukturen eine Eigendynamik entwickelte, die immer mehr das Gleichgewicht zwischen der alten und neuen Ordnung unterminierte, der Aischylos das Wort redete. Die Demokratie erfreute sich allgemeiner Anerkennung. So wurde der Ausdruck *misodemos* für den Feind des Volkes in den *Wespen* des Aristophanes als Schimpfwort benutzt.[249] Dennoch blieb gerade Letzterer ein Demokrat mit dem warnenden Vorbehalt, nicht zu weit zu gehen. Diese Warnung wurde jedoch durch die Reformen des Ephialtes in den Wind geschlagen, so dass die Nebenfolgen einer radikalen Demokratie ihren Lauf nehmen konnten.[250] Die „Menge [fühlte] sich aller Zügel entledigt“, bemerkt Plutarch dazu in seiner Vita des Kimon,

> „beseitigte die bestehende Staatsordnung und die väterlichen Bräuche, nach denen sie bisher gelebt hatte, nahm unter Führung des Ephialtes dem Rat auf dem Areopag bis auf wenige Ausnahmen die Gerichtshoheit, machte sich selbst zur Herrin der Gerichte und stürzte so den Staat in eine uneingeschränkte Demokratie“.[251]

Die Ausdehnung des Attisch-Delischen Seebunds wurde indes durch die radikale Demokratie weiter vorangetrieben. Athen und seine Verbündeten verfolgten die Perser bis nach Zypern und unternahmen gar eine Expedition ins ägyptische Mem-

248 Vgl. *Thuk.*, I, 102, 3.

249 Vgl. *Aristoph.*, Vesp., 474.

250 Vgl. *P.J. Rhodes*, The Athenian Revolution, in: CAH² V (wie Anm. 218), 62–96, hier 74; vgl. auch *ders.*, A History of the Classical Greek World, 478–323 B.C. (Blackwell History of the Ancient World) Oxford/Malden, MA/Victoria 2006, 39f.

251 *Plut.*, Cim., 15, 2; Übers. v. Konrat Ziegler, Zürich/Stuttgart 1955, II, 27.

phis, die jedoch nach sechs Jahren Belagerung 454 mit einer völligen Niederlage gegen die Perser endete.[252] Zwar gelang es den Athenern, Megara auf der Landenge zwischen Mittelgriechenland und der Peloponnes auf ihre Seite zu ziehen, und 457/6 zwangen sie Ägina in den Seebund einzutreten, doch gingen bis 446 alle Besitzungen auf dem Festland wieder verloren.[253] Außerdem bekam Athen nach der militärischen Katastrophe in Ägypten Probleme mit den wieder aufgebauten jonischen Städten, worauf sie in Erythrai an der kleinasiatischen Küste eine Demokratie implementierten, um auch dort das Volk auf ihre Seite zu ziehen. Dies war ein erstaunliches Vorgehen, das nicht zufällig an außenpolitische Strategien moderner Demokratien im 20. und 21. Jahrhundert erinnert, denn es zeigt, in welche hohem Maße die Frage nach der richtigen Polisverfassung direkt die Kalküle des *empire building* der Athener bestimmte.[254]

P. J. Rhodes fasst die Nebenfolgen des Athener Imperialismus wie sie sich während dieser Jahre entwickelten in der *Cambridge Ancient History* folgendermaßen zusammen:

> „The democracy of Ephialtes tried to continue the war against Persia, in Cyprus and Egypt, and at the same time to extend Athen's power in Greece itself, but the attempt to help Egypt out of Persian's hands ended in disaster, and the gains in Greece were to prove insecure. After the failure in Egypt, Athens had to cope with revolts from allies whose allegiance she must have come to take for granted: in surpressing these revolts she carried Athenian interference into areas of life where the allies' freedom had not previously been disturbed, and expressed her leadership in ways which suggest that she was beginning to think of the League not as a free alliance but as an empire which she could use as she wished. The climax of this transformation of the League was reached with the abandonment of the League's original objective, war against Persia."[255]

Doch gerade diese Wandlung Athens vom ersten Perserbefreier Griechenlands zur Herrscherin über die freien griechischen Städte trug zur Entfremdung nicht nur der großen Poleis wie Sparta, Korinth oder den jonischen Städten bei, sondern auch

252 Vgl. *Thuk.*, I, 104; 109f.

253 Vgl. *Meier*, Neubeginn (wie Anm. 196), 392 und 414.

254 Für eine Diskussion des Empire- bzw. Imperiumsbegriffs für diese Zeit vgl. insbes. *Moses I. Finley*, Empire in the Greco-Roman World, in: G & R, Second Series 25 (1978), 1–15; vgl. allgemein *Shmuel N. Eisenstadt*, The Political Systems of Empires. New York 1963.

255 *P. J. Rhodes*, The Delian League to 449 B.C., in: CAH^2 V (wie Anm. 218), 34–61, hier 61.

der ehemals eng mit dem Attisch-Delischen Seebund verbundenen Stadtstaaten. Wie wenig nachhaltig die Athenische Großmachtpolitik, deren Macht kaum angreifbar schien, konzipiert war, soll hier am Beispiel des sogenannten Melierdialogs von Thukydides illustriert werden.

Die historische Ausgangssituation dieses Dialogs im fünften Buch des *Peloponnesischen Kriegs* ist, dass die Athener die kleine Inselpolis Melos, die ihre angeblich 700-jährige Geschichte auf eine Gründung durch Spartaner zurückführte, sich aber bislang neutral verhielt, im sechzehnten Kriegsjahr 416 v. Chr. aus heute unklaren, wahrscheinlich aber expansionistischen Gründen belagerten.[256] Die Athener schickten eine Verhandlungsdelegation in die Stadt, wo sie sich mit den oligarchischen Herrschern von Melos trafen. Für dieses Treffen hat Thukydides einen (wohl fiktiven) Dialog zwischen Belagerern und Belagerten erfunden, der mit der Grundthese vom Recht des Stärkeren beginnt und in einer dialektischen Theorie der Machtausübung, nach der sich durch die gewaltsame Erhaltung der eigenen Hegemonie sich gleichzeitig die Zahl der Feinde vermehre, gipfelt.[257] Es ist insbesondere eine Stelle, in der es gerade die Melier sind, die die Athener vor den Nebenfolgen eines Handelns nach dem Recht des Stärkeren warnen. Den Athenern, die gerade auf die notwendige Logik hinweisen, die dem Stärkeren die Handlungsintention auferlegt, dass „die Stärkeren aber alles in ihrer Macht Stehende durchsetzen und die Schwachen sich fügen",[258] erwidern die Melier:

> „Wir glauben aber doch, es wäre nützlich – so müssen wir ja sprechen, da ihr statt des Redens den Vorteil unserem Gespräch zugrunde gelegt habt –, wenn ihr nicht etwas aufheben würdet, woraus alle gemeinsam Gewinn ziehen, sondern wenn jedem, der in Gefahr gerät, Gründe der Billigkeit zu Gebote stünden und er daraus, auch ohne alles bis ins Letzte genau zu erweisen, Nutzen ziehen könne. Das gilt in hohem Grad mit für euch, insoweit ihr, einmal gestürzt, durch die Härte der Strafe (die an euch dann vollzogen werden wird) anderen ein warnendes Beispiel werden könntet."[259]

---

256 Vgl. *Michael G. Seaman*, The Athenian Expedition to Melos in 416 B.C., in: Historia. Zeitschrift für Alte Geschichte 46 (1997), 385–418, hier 414.

257 Vgl. *Nicolas Stockhammer*, Die Dialektik politischer Macht. Der Melierdialog im Lichte aktueller Machttheorien, in: Internationale Zeitschrift für Philosophie 15 (2006), 23–43.

258 *Thuk.*, V, 89, 1; Übers. v. Helmuth Vrestska und Werner Rinner. Stuttgart 2000, 452 (diese Übersetzung wird im Folgenden weiter verwendet).

259 Ebd., V, 90, 1.

Die Athener antworten auf diese Warnung vor ihrem eigenen Untergang, sich zu diesem Zeitpunkt darum noch keine Sorge zu machen, und machten die Drohung – Tötung aller Männer und Versklavung aller Frauen und Kinder nach der gewaltsamen Eroberung der Stadt – ruchlos wahr. Doch hatten die Melier den problematischen Kern des Athener Imperialismus getroffen. Denn schließlich sollte sich mit der Niederlage gegen die Spartaner im Peloponnesischen Krieg genau diese Prophezeiung bewahrheiten. Thukydides, der den Meliern diese Worte zusprach, wird sich dieser Tatsache sicherlich bewusst gewesen sein und diese Stelle ist nicht die erste, an der von ihm das *bad management* der Athener Großmachtpolitik aufgeführt wird.[260]

Man muss den Athenern wohl zugute halten, dass die Fehler, die sie in der Zeit nach den Perserkriegen machten, indem sie die Nebenfolgen der plötzlich gewachsenen Macht unterschätzten, der Tatsache zu schulden sind, die in der großen Herausforderung bestand, die erste wirkliche Demokratie der Weltgeschichte zu sein.[261] Für Perikles war der Anspruch der Athener Demokratie, wie er in seiner berühmten Grabrede für gefallene Bürger im gerade begonnenen Krieg gegen Sparta im Winter 431/30 bekundete, „eher [...] selbst für manchen ein Vorbild [zu sein], als dass wir andere nachahmten“.[262] Diese Pionierrolle mag die Blindheit für die Nebenfolgen ihrer Machtpolitik indes nur zum Teil erklären. Vielmehr lagen die Wurzeln der Krise, die das Expansionsstreben auslöste, in der Konstitution der Demokratie selbst.

260 Vgl. dazu z.B. *Michael Vickers*, Alcibiades and Melos: Thucydides 5.84–116, in: Historia. Zeitschrift für Alte Geschichte 48 (1999). 265–281, der die negativen Seiten des Athener Imperialismus in Alkibiades verkörpert sieht, v.a. aber im Melierdialog die „emphatische“ Rhetorik geltend macht. Deren Funktion, so schon *C. W. Macleod*, Form and Meaning in the Melian Dialogue, in: Historia. Zeitschrift für Alte Geschichte 23 (1974), 385–400, habe darin bestanden, die historische Dialektik des Thukydides deutlich zu machen. Es ging ihm, so Mcleod, darum, *hybris* als Motiv der Athener bei der Zerstörung von Melos auszuschließen (so jedoch nicht *W. Liebeschuetz*, The Structure and Function of the Melian Dialogue, in: JEH 88 (1968), 73–77, hier 76f.) und stattdessen auf die „Blindheit“ (*aboulía*) ihrer Machtpolitik hinzuweisen, die im scharfen Gegensatz zu ihren Ambitionen, guten Ratschlägen zu folgen steht und der sie später selbst zum Opfer fielen: „The Athenians are simply the victims of their own power, there is no attempt to do what Thucydides saw as Pericles' great achievement, to control the natural impulses of the Athenian people and empire. [...] in the Sicilian disaster it is their turn to reach out vainly to hope and the gods when all else has failed. [...] In their defeat in Sicily they are enacting those same forces that contribute to their victory over Melos. There is no need for Thucydides to justify or condemn, nor does he; his presentation of the Athenians' words and deeds in an adequate – and consummate – historical analysis.“ (395f.).

261 Vgl. oben und *Meier*, Neubeginn (wie Anm. 196), 593.

262 *Thuk.*, II, 37, 1.

Athen befand sich auf dem Höhepunkt seiner imperialen Macht und der Ausbildung der Demokratie, als Perikles die Stadt im Sommer des Jahres 431 in den Krieg gegen Sparta führte. Das „moralische Dilemma“, das aus dieser Koinzidenz von politischem Mitspracherecht für die Athener Bürger und der imperialistischen Unterdrückung aller anderen griechischen Polisbürger entstand, stellte sich für Perikles jedoch nicht.[263] Für ihn stand die expansive außenpolitische Strategie Athens nicht im Widerspruch zu seiner Verfassung, sondern der Erfolg im Krieg war gerade Beweis für die innere Wahrheit, die in der Demokratie für die Athener Polis seinen Ausdruck fand. Athen sei die „Schule von Hellas“ und dort könne „jeder einzelne Bürger, wie ich glaube, bei uns in vielseitigster Weise und in spielerischer Anmut seine ihm eigene Art“ entfalten. „Dass dies nicht Prunk mit Worten für den Augenblick ist“, so fährt er fort, „sondern Wahrheit der Tatsachen, beweist die Macht der Stadt, die wir dank unserer Eigenschaften errungen haben“.[264] Die politischen Werte der Demokratie gelten mithin nur für die Athener selbst und nicht für andere, was einen Historiker sogar zur Behauptung führt, dass der Athener Imperialismus sogar in den Basisinstituitionen der Demokratie wurzelt: „equality, freedom, and nationalism within a democracy are capable of causing the people, collectively, to act as a tyrant“.[265]

Es ist wohl diese Art von Rechtfertigungsnarrative, die Perikles für die rhetorische Verteidigung von Athens Krieg heranzieht, die dafür verantwortlich ist, dass die Nebenfolgen dieser Politik unbewusst blieben. Hinzu kommt noch, dass seit Perikles die Rahmenbedingungen einer radikalen Demokratie wie sie Aristoteles definiert, nämlich Diätenzahlungen für die Beteilung an der Volksversammlung einzuführen, damit auch die Armen ihre politischen Rechte ausüben konnten, als erfüllt gelten können.[266] Sicherlich liegt darin ein weiterer wichtiger Grund, warum die Demokratie in Athen dazu neigte, Tributzahlungen anderer Städte im Attisch-Delischen Seebund einzufordern und daher sein Seereich auch aus dieser finanziellen Notwendigkeit legitimieren konnte: „The progressive completion of democratic

263 Vgl. *Ronald C. Lee, Jr.*, Justifying Empire. Pericles, Polk, and a Dilemma of Democratic Leadership, in: Polity 34 (2002), 503–531, der hier eine interessante komparative Analyse des Athener Imperialismus im 5. Jahrhundert und der kontinentalen Expansion Amerikas im 19. Jahrhundert vollzieht.

264 *Thuk.*, II, 41, 1–2.

265 *Timothy J. Galpin*, The Democratic Roots of Athenian Imperialism in the Fifth Century B.C., in: CJ 79 (1983/84), 100–109, hier 109.

266 Vgl. *Aristot.*, pol. 6, 1317b.

institutions was simultaneous with the development of an extensive system for the distribution of public funds.“[267]

Nach dem Sieg Athens im ersten Teil der größeren Auseinandersetzung mit Sparta, im sogenannten Archidamischen Krieg (431–421), befand sich das Selbstbewusstsein der Demokratie auf seinem Höhepunkt. Doch gerade diese Phase nach dem Nikiasfrieden (421–413) ist ebenso die Zeit, in der die imperiale Politik Athens den größten Anteil an negativen Folgelasten für sich selbst schuf. Auf das Beispiel der Belagerung von Melos ist bereits eingegangen worden. Doch die berühmteste Niederlage, die die Athener erlitten, fand unter der Führung des letzten großen Charismatikers des 5. Jahrhunderts statt: Alkibiades, wie Perikles aus der Familie der Alkmaioniden stammend und ein Urenkel des Kleisthenes, überredete die Athener Volksversammlung zum Abenteuer der Sizilischen Expedition (415).[268] Diese militärische Unternehmung, die sich zum Ziel setzte, die mächtige westgriechische Polis Syrakus zu belagern, um nach deren Einnahme die gesamte sizilische Insel in das Athener Seereich zu integrieren und damit über schier unerschöpfliche Ressourcen in der Behauptung gegen Sparta zu verfügen, ist ein Kulminationspunkt in der hier ausgeführten Geschichte der Nebenfolgen der Athener Demokratie im 5. Jahrhundert. Nicht nur in der Person des Alkibiades drückt sich die durch ihn idealtypisch verkörperte Ambivalenz eines ehrgeizigen und machtbewussten Staatsmannes innerhalb einer demokratischen Verfassung aus, in der die Volksversammlung offiziell zwar immer das letzte Wort hatte, aber sich in der Findung desselben als höchst manipulationsempfindlich erwies. Auch die Vorstellung, endlich Herr über ganz Griechenland zu werden, und damit die Wünsche eines mittelmeerischen Großreichs zu erfüllen, leitete die Athener Bürgerschaft bei der Entschlussfindung, das Risiko des Feldzuges einzugehen.

Die kritische Stimme des Nikias, der in der Volksversammlung das Wort gegen Alkibiades ergriffen hatte, übergehend, begann die Expedition mit der Zuversicht, dass sich auf dem Wege nach Sizilien andere Poleis den Athenern anschließen und damit der, in ihren Augen, erfolgssicheren und guten Sache folgen würden. Doch

267 *Galpin*, Roots (wie Anm. 265), 107.

268 Zur Funktion, die Demagogen wie Alkibiades als „strukturelle Elemente“ im politischen System Athens bei solchen Entscheidungsfindungen in der Volksversammlung innehatten, vgl. *Moses I. Finley*, Athenian Demagogues, in: P & P 21 (1962), 3–24, hier bes. 19; vgl. auch *Christian Mann*, Die Demagogen und das Volk. Zur politischen Kommunikation im Athen des 5. Jahrhundert v. Chr. Berlin 2007.

bekanntlich kam alles anders.[269] Beinahe das gesamte militärische Aufgebot der Athener ging in Sizilien bei der Belagerung von Syrakus verloren. Nicht nur waren es Informationsdefizite gewesen, die die Volksversammlung im Unklaren über die Größe der Insel ließen, sondern gerade der spartanische Feldherr Gylippos, den man zur Unterstützung der Syrakusaner von Sparta aussandte, konnte die Hilfe anderer Städte gewinnen und die Situation zu Ungunsten der attischen Belagerer wenden. Für Thukydides steht die Expedition nach Sizilien stellvertretend für die Niederlage der Athener in sämtlichen Bereichen des Krieges. Das siebte Buch endet mit dem eindrucksvoll endgültigem Fazit:

> „Dieses Unternehmen war sicherlich von allen in diesem Krieg das größte, meiner Meinung nach sogar von allen, die wir aus der hellenischen Geschichte kennen, für die Sieger strahlendster Ruhm, für die Unterlegenen tiefstes Leid. In allem allseitig niedergerungen und nirgends gering vom Leid betroffen, im Alluntergang, so sei es denn genannt, Volk und Flotte, und nichts, was nicht untergegangen wäre; nur wenige von so vielen kehrten nach Hause zurück. Das waren die Ereignisse in Sizilien."[270]

Für Alkibiades endete die Unternehmung, wenn auch in anderer Weise, ähnlich folgenschwer. Er wurde bereits vor der Belagerung nach Athen zurück befohlen, um sich vor Gericht der Anklage wegen der Anführung eines Hermenfrevels im unmittelbaren Vorfeld der Aussendung der Flotte nach Sizilien zu stellen.[271] In Abwesenheit wurde er zum Tode verurteilt. Diese Bestrafung von Volksführern, die im Gegensatz zu ihrer allgemeinen Akzeptanz in der Versammlung zu stehen scheint, ist aber bloß eine weitere, in diesem Fall sich auf Individuen auswirkende Nebenfolge, die kein ungewöhnliches Phänomen in der Athener Demokratie war, ja, es gibt auch Beispiele in der Römischen Republik.[272] Es war eine Eigenheit der Demokratie, starke Individuen, die sich mit der Hilfe des Staates nach oben bringen konnten, dann zu

269 Für eine übersichtliche Darstellung des Ereignisablaufs vgl. *Meier*, Neubeginn (wie Anm. 196), 612–636.

270 *Thuk.*, VII, 87, 5–6; Übers. Vretska / Rinner (wie Anm. 258), 612f.

271 Vgl. ebd., VII, 27–29.

272 Vgl. z. B. *Liv.*, XXXVIII, 50–53 und *Polyb.*, 23, 14, über die sogen. Scipionenprozesse gegen L. Cornelius Scipio Asiaticus und P. Cornelius Scipio Africanus (236–183 v. Chr.), denen Bestechung durch den Seleukidenkönig Antiochos III. und Unterschlagungen bei privaten Raubzügen zur Last gelegt wurden: „Kein einziger Bürger dürfe so sehr herausragen, daß er nicht vor Gericht gebracht werden könne", schreibt Livius, „Nichts diene so sehr dazu, allen ein gleiches Maß an Freiheit zu geben, wie die Möglichkeit, daß gerade die Mächtigsten zur Verantwortung gezogen werden könnten" (Übers. Hans Jürgen Hillen, München/

stoppen, wenn sie sich zu selbstständig gebärdeten. Gerade im Fall des Alkibiades war das Verhältnis des Individuums zu seinem Staat großen Wechseln unterworfen gewesen. Nach der Verbannung ging er in die Dienste der Spartaner und Perser, um dann einmal mehr von den Athenern zum Strategen mit besonderen Vollmachten (*strategos autokrator*) gewählt zu werden. Doch nach einer Niederlage, die er 407 gegen die Spartaner unter Lysander erlitt, wurde er erneut abgesetzt.

Diese Art, mit seinen Anführern umzugehen, mag vom Standpunkt der Betroffenen ungerecht erscheinen, doch erklärt sie sich ganz selbstverständlich aus der Logik des Selbsterhaltungstriebs der Demokratie. Unter Alkibiades wurde die perikleische Tradition fortgeführt, die imperialen Ziele zur Bedingung der Vollendung der demokratischen Verfassung zu machen. Doch just in diesem Punkt ging dieser, gerade in Hinsicht auf seine Wechselhaftigkeit, für die Athener zu weit. In der endgültigen Verbannung des Alkibiades mögen sich die Demokraten ihres erfolgreichsten Feldherrn entledigt haben und damit eventuell sogar die Chance auf Rettung des Seereichs verspielt haben. Sie retteten aber ihre Freiheit und Staatsform. „Had Athens been able to trust him", so fasst W. S.Ferguson das Verhältnis von Athen zu Alkibiades zusammen, „he might have saved her Empire and destroyed her liberty."[273]

Die Niederlage der Athener im Peloponnesischen Krieg besiegelte dann schließlich die Schlacht bei Aigospotamai (405), in der die Seemacht der Athener vollständig vernichtet wurden. Bis zu diesem Zeitpunkt erwartete niemand die Vernichtung der Athener Machtgrundlage. Die Nebenfolgen blieben bis zuletzt im allgemeinen Bewusstsein unerkannt: „Thus with the suddenness and unexpectedness of a clap of thunder from clear sky the great war was over."[274] Erst nachdem man in Athen realisierte, dass alles verloren war, die Spartaner vor den Toren ihrer Stadt standen und man an das gleiche Schicksal der Melier dachte, setzte der Reflexionsprozess über die Selbstverschuldung des eigenen Untergangs ein.[275] Erst am Tiefpunkt einer Krise,

---

Zürich 1982, 455). Vgl. *Howard Scullard*, Roman Politics 220–150 B.C. 2.Aufl. Oxford 1973, und *Erich S.Gruen*, The „Fall" of the Scipios, in: Leaders and Masses in the Roman World, Leiden 1995, 59–80.

273 *W.S.Ferguson*, The Fall of the Athenian Empire, in: Cambridge Ancient History, Cambridge 1927, 348–376, hier 354.

274 Ebd., 361.

275 Nach *Xenophon* (Hellenika, IV, 2, 2), so übersetzt *Meier*, Neubeginn (wie Anm. 195), 682 f., soll „ein Jammern vom Hafen durch die Langen Mauern nach der Stadt sich fortgepflanzt haben, vom einen zum anderen; so kam es, daß in jener Nacht keiner Schlaf fand, da alle nicht nur die Ermordeten betrauerten, sondern

heißt es bei Luhmann, entstehen die konstitutiven Momente und notwendigen Energien für nachhaltige Reformen; dieser Zeitpunkt war für die Athener nun gekommen.

Am Ende des Peloponnesischen Kriegs waren es die militärischen und außenpolitischen Fehlentscheidungen – z.B. in Memphis, Melos und Syrakus –, die mit ihren katastrophalen Auswirkungen den Staat der Athener selbstverschuldet in die Knie zwangen. Hätte es einen Ausweg aus dieser Krise gegeben? War es eine „Krise ohne Alternative"?[276] Tatsächlich scheint vieles für eine gewisse Determinierung der Ereignisse zu sprechen, denn die Ursachen der unintendierten Nebenfolgen lagen tief in der Struktur der Athener Demokratie und seines Seereiches. „Schließlich mußte die Seeherrschaft Athens", so beschreibt Meier diese Interdependenz, „die radikale Demokratie heraufführen, konnte sie nur von dieser Demokratie behauptet werden und war sie doch in dem Moment demokratisch nicht mehr zu bewahren, da die Verlockungen zu leichtsinniger Politik unwiderstehlich wurden."[277]

Der Aufbau des Athener Herrschaftssystems zeigte sich voll innerer Widersprüche, in der die Unruhe zwischen den Faktionen der Oligarchen und Demokraten das politische Klima nie recht zur Ruhe kommen ließen. Dadurch wurden wichtige Ausdifferenzierungen der Volksherrschaft nicht vorangetrieben: beispielsweise die Etablierung einer stabilen Regierung, die nicht von der Kontingenz gleichzeitiger Fähigkeit, Charisma und Treue zum Volk in ihren Führer, wie sie idealtypisch in Perikles gesehen wurde, abhängig war. Und letztlich war es eine gewisse Unerfahrenheit mit den Nebenfolgen einer imperialen Politik, die die Athener die Gefahren zu starker Machtausübung unterschätzen ließ. So kann man der Einschätzung des Thukydides folgen, dass gerade so der Untergang Athens im Peloponnesischen Krieg einer gewissen Notwendigkeit folgte und dass es vor allem Mängel der inneren Führung waren, die das Krisenmanagement auf Irrwege brachten und den Alliierten überhaupt die Chance gaben, sich der Unterdrückung der Athener zu entledigen.[278]

Doch verleitet dieser Eindruck eines derart düsteren Bildes, das eine Vielzahl von Historikern im 19. und 20. Jahrhundert zeichnete, zu der irrigen Annahme, dass die

---

noch viel mehr sich selbst in der Erwartung, sie würden erleiden müssen, was sie einst den Bürgern von Melos, spartanischen Siedlern, angetan hatten, nachdem sie sie durch Belagerung überwältigt hatten, was sie aber auch denen von Histiaia, Skione, Torone, Ägina und vielen anderen Griechen angetan hatten".

276 So ein Ausdruck bei *Meier*, Res publica (wie Anm. 185), XLIII f.

277 *Meier*, Neubeginn (wie Anm. 196), 681.

278 Vgl. *Ferguson*, in: CAH V (wie Anm. 273), 361.

Athener Demokratie in der Folgezeit der Kriegsniederlage einen wirtschaftlichen, sozialen und politischen Niedergang erlebt haben musste.[279] Vielmehr war das Gegenteil der Fall: Gerade im vierten Jahrhundert erlebten Athen und die Demokratie eine erneute Blüte und es bildeten sich Institutionen heraus, die Legislative, Verwaltung und Führung des Staates stabilisierten.[280] Es ist keineswegs, wie es Donald Kagan formuliert, als „Ironie" zu verstehen, dass Athen nach dem Krieg wieder zu alten, ja sogar nachhaltigeren Kräften kommt.[281] Walter Eder und die Autoren eines Bandes zur Athener Demokratie im 4. Jahrhundert haben zeigen können, dass es um 403 nicht zum Verfall der Demokratie kam, sondern zu deren Vollendung.[282] Die Verfallsthese leidet nämlich, so Eder, unter der ahistorischen Annahme, dass „die griechischen Poleis aufgrund eines der Polisstruktur inhärenten Defekts nicht in der Lage gewesen wäre, sich gegen Philipp von Makedonien auf breiter Ebene zusammenzuschließen".[283] Als die Athener und Thebaner bei Chaironeia im Jahre 338 v.Chr. ihre Unabhängigkeit verloren, gab es keine Vorstellung Griechenlands als eines nationalen Flächenstaats, zu dem sich die einzelnen Poleis hätten bekennen sollen: „Die Eigenart bestand in der Betonung der Eigenständigkeit und der engen

279 Vgl. als Vertreter dieser „Verfallsthese" *Burckhardt*, Kulturgeschichte (wie Anm. 208), I, 251: „das attische Staatswesen trotz der fieberhaften Tätigkeit der Psephismenfabrik ein großer, jedoch schon ziemlich ruinöser Bau, durch welchen Steinwürfe und höhnische Zurufe schwirren"; *Ernst Curtius*, Griechische Geschichte, Bd. III. Berlin 1867, 457ff.; *Eduard Meyer*, Geschichte des Altertums, 5 Bde. Stuttgart 1884–1902, ND Darmstadt 1981, V, 514; *Georg Busolt*, Griechische Geschichte bis zur Schlacht von Chaironeia. 3 Bde. in 4, Gotha 1885–1904; *Hermann Bengtson*, Griechische Geschichte. Von den Anfängen bis in die römische Kaiserzeit. 2. Aufl. München 1977, 253–291; *Claude Mossé*, La fin de la démocratie athénienne. Aspects sociaux et politiques du déclin de la Cité grecque au IVe siècle avant J.C. Paris 1962; jüngere Beispiele sind *Meier*, Neubeginn (wie Anm. 195), und *Donald Kagan*, The Peloponnesian War. London / New York 2004; ausführlicher: *ders.*, The Fall of the Athenian Empire, Ithaca/ London 1987. Zu Meiers fehlender Auseinandersetzung mit dem vierten Jahrhundert vgl. *Hans-Joachim Gehrke*, Christian Meier und das vierte Jahrhundert, in: *Bernett/Nippel/Winterling*, Christian Meier (wie Anm. 185), 109–119 und *Meiers* Antwort auf Gehrke in: ebd., 274–279.

280 Vgl. dazu *Arnold H. M. Jones*, Athenian Democracy. Oxford 1957; *Jochen Bleicken*, Die Einheit der athenischen Demokratie in klassischer Zeit, in: Hermes 115 (1987) 257–283, *P.J. Rhodes*, The failure of the polis?, in: CAH[2] VI (wie Anm. 218), 589–591; zusammenfassend: *Walter Eder*, Die athenische Demokratie im 4. Jahrhundert v. Chr. Krise oder Vollendung, in: ders. (Hrsg.), Die athenische Demokratie im 4. Jahrhundert v. Chr. Vollendung oder Verfall einer Verfassungsform? Akten eines Symposiums, 3.-7. August 1992, Bellagio. Stuttgart 1995, 11–29.

281 Vgl. *Kagan*, Peloponnesian War (wie Anm. 279), 413.

282 Vgl. *Eder*, Demokratie (wie Anm. 280), 21.

283 Ebd., 18.

persönlichen Beziehung der Bürger zu ‚ihrer' Polis, die wir heute nur zu leicht als engstirnigen ‚Patriotismus' und kurzsichtige ‚Kirchturmspolitik' abtun."[284] Ob daher tatsächlich von einem *system failure* der Polisstruktur auszugehen ist, wie es John K. Davies' These im selben Band nahelegt, erscheint somit nicht selbstverständlich.[285]

Im Anschluss an Eder, Bleicken und andere Vertreter der Vollendungsthese kann man allerdings behaupten, dass sich die Athener Demokratie im 4. Jahrhundert nicht nur der negativen Nebenfolgen ihrer Staatsform bewusst war, sondern dass es ihr auch gelungen war, sich dieser selbstinduzierten Folgelasten durch Reformen weitgehend zu entledigen. In erster Linie wird die Einführung der Nomothesie als große Veränderungsmaßnahme der Athener Legislative hervorgehoben. Eder sieht mit der Etablierung dieses Verfahrens,

> „das eine jährliche Überprüfung der Gesetze ermöglichte, vor allem aber durch eine konsequente Anwendung der *graphe paranomon*, die sich gegen ‚gesetzwidrige Gesetze' wandte und somit als eine Art von ‚Grundgesetz' jedes neue Gesetz an die Summe der traditionellen Normen band", das „Stadium der stabilitätsfördernden, selbstbestimmten ‚kontrollierten Souveränität'"

erreicht.[286] Durch die Nomothesie und die Wahl von Gesetzgebern (*Nomotheten*) sei das Volk zwar als alleiniger Souverän abgetreten[287], doch gab es eine Reihe von Klagemöglichkeiten und die bloße Möglichkeit, so Jochen Bleicken, „gegebenfalls anders verfahren zu können verweist darauf", dass die Volksversammlung weiter die „Verfahrensherrschaft über die Gesetzgebung behielt".[288] Gegenüber den prekären Entscheidungssituationen, in denen sich die Athener Bürgerschaft noch im 5. Jahrhundert, wie z. B. vor der Expedition nach Sizilien, befand, war diese Reform des Gesetzgebungsverfahrens ein deutlicher Stabilisierungsfaktor. Es ist, mit Bleicken gesprochen, als „Reaktion auf den inneren Zusammenbruch von 404/3" zu werten, dass am Ende des Peloponnesischen Kriegs die Notwendigkeit erkannt wurde,

---

284 Ebd.

285 *John K. Davies*, The Fourth Century Crisis: What Crisis?, in: Eder, Demokratie (wie Anm. 280), 29–36, hier 33.

286 *Eder*, Demokratie (wie Anm. 280), 21; vgl. auch die Bezeichnung des „Golden Age of the Radical Democracy, 401–322" von *Eli Sagan*, The Honey and the Hemlock. Democracy and Paranoia in Ancient Athens and Modern America. Princeton 1994, 11.

287 Vgl. *P. J. Rhodes*, Athenian Democracy 403 B.C., in: CJ 75 (1979), 305–323.

288 *Bleicken*, Einheit (wie Anm. 280), 267.

die politische Ordnung, in der die Masse entscheidet, durch einen „abgesicherten, organisatorischen Rahmen“, durch eine geregelte Gesetzgebung innerhalb der Demokratie zu festigen.[289]

Im Zusammenhang des alten Gedankens, der uns schon in der Orestie des Aischylos begegnet, dass alle Athener richten sollen, erscheint auch die Reform des Geschworenengerichts als wichtige Ausdifferenzierung der Demokratie. „Vermehrung von Aufgaben, Erweiterung des Organisationsrahmens und Verfeinerung der Verfahrensweisen“, so noch einmal Bleicken,

> „zeichnen die demokratische Administration des 4. Jahrhunderts gegenüber der des vergangenen Jahrhunderts aus. Die demokratischen Grundideen wurden dabei nicht verletzt; sie scheinen im Gegenteil sowohl durch die zunehmende Vermassung der Beamtenschaft als auch durch die Pedanterie, mit der Verfahrensformen ausgearbeitet sind, gerade hervorgeholt zu werden.“[290]

Auch wenn die Reformen der juristischen Verfahren und Institutionen keine wirkliche Veränderung der Qualität der Demokratie in Athen gegenüber dem 5. Jahrhundert bedeuteten[291], so festigten auch hier die Gerichte als „an expression, not a reduction, of the absolute power of the people“, den Grundgedanken der Partizipation am politischen Geschehen im Staat.[292]

Schließlich sei auf die Entwicklung einer Finanzverwaltung hingewiesen. Sie erscheint im Zusammenhang mit dem imperialistischen Motiv des Geldbedürfnisses der Athener Demokratie und der daraus resultierenden, oben beschriebenen Nebenfolge besonders interessant. Es gelang den Athenern nach 404/3 offenbar, ihren Finanzbedarf aus eigener Kraft befriedigen zu können.[293] Behilflich war dabei die Entstehung eines modern anmutenden Budgetgedankens, der dazu beitrug, dass, so hat wiederum Leppin gezeigt, die „Verwaltung öffentlicher Gelder zu einer größeren Überschaubarkeit und Planbarkeit führen und insofern eine Verbesserung der bisherigen Zustände darstellen konnten“.[294] Das Streben nach Unabhängigkeit des

---

289 Ebd., 269.

290 Ebd., 274.

291 Vgl. *P.J. Rhodes*, Judicial Procedures in Fourth-Century Athens. Improvement or Simply Change?, in: *Eder*, Demokratie (wie Anm. 280), 303–319.

292 *Finley* 1962, 10.

293 Vgl. *Bleicken*, Demokratie (wie Anm. 211), 466 f. sowie *ders.*, Einheit (wie Anm. 280), 275; detailliert den Forschungsstand zusammenfassend: *Alec Blamire*, Athenian Finance, 454–404 B.C., in: Hesperia 70, 1 (2001), 99–126, hier bes. 123.

294 *Hartmut Leppin*, Zur Entwicklung der Verwaltung öffentlicher Gelder im Athen des 4. Jahrhunderts

Staatshaushalts von Tributzahlungen innerhalb eines imperialen Seereichs, wie es sie noch im 5. Jahrhundert gegeben hatte, ist insofern auch als Reaktion auf die Niederlage zu verstehen, auch wenn dieses gleichwohl nicht zur Errichtung einer Finanzbürokratie führte, wie sie aus modernen Demokratien bekannt sein mag.[295]

Die unbeabsichtigte Hauptnebenfolge der athenischen Demokratie des 5. Jahrhunderts, die beinahe zu ihrem Untergang führte und nachhaltige Reformen unausweichlich werden ließ, wurde paradoxerweise durch ihre Stärke hervorgerufen. Auch wenn der jungen Staatsform nach der Niederlage der selbstverschuldete Zusammenbruch drohte, so konnte sich doch die Demokratie durch weitgreifende Reformen von der Krise erholen und schaffte es, die unintendierten Konsequenzen, die bei der Herausbildung der Demokratie im 5. Jahrhundert zu Tage traten, durch korrigierende Maßnahmen zu kompensieren. In Athen konstituierte sich gegen die oligarchischen Bewegungen nach dem Peloponnesischen Krieg um 400 eine neue Demokratie, die sich legislativ, administrativ und judikativ stabilisieren konnte und nicht mehr ausschließlich auf finanzielle Ressourcen eines Seereiches angewiesen war. Es gelang somit die negativen Nebenfolgen der Demokratie als Staatsform, zumindest für einen gewissen Zeitraum, abzuwenden und dieses offene und egalitäre politische Partizipationsmodell für Nachahmer in ferner Zukunft auch mit der Hoffnung, beabsichtigte Folgen verwirklichen zu können, zu bewahren.[296]

v. Chr., in: *Eder*, Demokratie (wie Anm. 280), 557–571, hier 557. Vgl. auch klassisch *August Böckh*, Die Staatshaushaltung der Athener, 2 Bde. 3. Aufl. Berlin 1886.

295 *Leppin*, Entwicklung (wie Anm. 294), 558.

296 Damit ist auch das in dem Falle der Athener Demokratie bestätigt, was Shmuel Eisenstadt allgemein über die „paradoxen" Selbstheilungskräfte der Demokratie, ihre durch Nebenfolgen induzierte Instabilität wieder zu stabilisieren, behauptet hat: vgl. *Shmuel N. Eisenstadt*, Paradoxes of Democracy. Fragility, Continuity, and Change. Baltimore/London 1999, 68: „While such openness [...] give[s] rise to the very causes that create potential instability of these regimes, they may also, paradoxically, under appropiate conditions, generate the possibility of transformation and therefore the continuity of these regimes."

Schlusswort

Historischer Wandel überrascht manche Zeitgenossen, manche erwarten ihn. Immer wieder fragt man sich, ob diejenigen, die den Wandel schon immer vorausgesehen haben wollen, das erst im Nachhinein behaupten können, ob ihre seherischen Fähigkeiten also wohlfeil sind. Insbesondere Historiker scheuen sich deswegen oftmals davor, Antworten auf Gegenwarts- und Zukunftsfragen zu geben: Ihre Sache sei nun einmal die Vergangenheit, alles Übrige die Aufgabe anderer Disziplinen. Gerade aber Wandel ist nicht nur ein soziologisches, rein der Gegenwart verhaftetes Phänomen, sondern geradezu das historische Phänomen schlechthin. Es obliegt also sehr wohl dem Historiker und seiner Profession, auch gegenwärtige Wandelerscheinungen in den Blick zu nehmen, ihre Ursachen zu erkennen, Folgen und Nebenfolgen zu unterscheiden und schließlich auch mit historischen Analysen dazu beizutragen, welche Wege in die Zukunft als gangbar erscheinen und welche nicht.

Eine historische Soziologie reflexiver Modernisierung beabsichtigt, diese Aufgabe der Gegenwartsdiagnostik auch Historikern stärker vor Augen zu führen. Dabei stellt sich auch das passende heuristische Werkzeug zur Verfügung. Die Rolle, die unintendierte Nebenfolgen in der Geschichte spielen, sollte auch aus dem Grunde stärker anerkannt werden, dass unsere Zeit mehr denn je eines Verständnisses der tieferen Strukturen bedarf, die dem historischen Geschehen zugrunde liegen. Historiker sind herausgefordert, die Widersprüche und scheinbar paradoxen Entwicklungen zu erklären, die Aporien eines „Weiter so" aufzulösen und die an ihr Ende gekommenen teleologischen Erzählungen darüber hinaus weitererzählen zu können. Das macht sie zu idealen Teilnehmern jeder gegenwärtigen Debatte. Denn, davon zeugen die vorangegangen Kapitel, Historiker sind die Experten schlechthin, die oftmals widersinnig verlaufenden Prozesse in ihrer doch letztlich ganz sinnvollen, da eben auch stattgefundenen Entwicklungslogik darzustellen.

An vier Epochenschwellen wurde gezeigt, dass die uns heute zur Verfügung stehenden Quellen durchaus ausreichen, die Absichten und das Bewusstsein für diese zuwiderlaufenden Nebenfolgen so zu rekonstruieren, dass man von reflexiven Modernisierungsprozessen für sehr unterschiedlich aufgestellte Gesellschaften spre-

DOI 10.1515/9783110405019.127

chen kann. Die Athener Demokratie verdankte sich nicht unbedingt nur einer Bürgerschaft, die glaubte, dass sie vieles selbst bewerkstelligen könne. Die Demokratie war auch das Resultat eines nicht zufälligen, aber doch kaum absichtlich gelenkten Ereignisverlaufs. Schließlich führten verfehlte bzw. unterlassene Maßnahmen, so sahen das schon die antiken Zeithistoriker, beinahe zum Untergang der Demokratie. Doch konnte die Einsicht in die Gefahren, die aus unbeabsichtigten und unreflektierten Nebenfolgen resultierten, zu Reformen führen. Damit konnte die Demokratie erneuert, gestärkt und letztlich modernisiert werden. Ein ähnliches Bewusstsein entwickelten auch einzelne historische Akteure wie Martin Luther. Diesem war ganz bewusst, nicht nur eine historische Wende herbeigeführt zu haben, sondern auch die unterminierenden Nebenfolgen der dabei neu geschaffenen Basisinstitutionen. Auch die Erkenntnis, die seinen Absichten entgegenlaufende Entwicklung mitverursacht zu haben, ist bereits eine Voraussetzung für einen dann reflexiv verlaufenden Modernisierungsprozess.

Was die Nebenfolgen der Epochenschwellen der Sattelzeit zwischen 1750 und 1850 angeht, so kann man die Auswirkungen der hier entwickelten Modernisierung bis heute nachverfolgen. Dass in der Aufklärung die westliche Gemeinschaft Fortschritte vollziehen konnte, war nur um den Preis einer gleichzeitigen ungewollten Entwicklung möglich. Diese unterminierte aber letztlich die Errungenschaften der „Moderne". Die Hypokrisie der Aufklärer steht für einen Historiker der Nebenfolgen wie Reinhart Koselleck am Anfang einer Pathogenese bürgerlicher westlicher Kultur. Bis heute verharrt diese in einer unreflektierten Dialektik von Kritik und Krise, Moral und Politik, Gesellschaft und Individualität. Zeitdiagnostiker wie Friedrich Nietzsche erkannten solche paradoxalen Momente einer scheinbar aufgeklärten Modernisierungstheorie, deren geschichtsphilosophischen Sicherheiten er in heilsamer Absicht zerstörte. Vielleicht wäre es aber auch ratsam, dass sich heutige Intellektuelle am Pragmatismus eines Ernst Troeltsch orientierten. Dieser wies jenseits der Aporien der geistesgeschichtlichen Entwicklungen auch die Wege zum reflexiven Umgang mit der Moderne.

Denn Gegenwart und Vergangenheit hängen zusammen, so wie die Disziplinen der Soziologie und Geschichtswissenschaften einer Neuauflage ihrer gemeinsamen Tätigkeit und Aufeinanderbezugnahmen bedürfen. Historiker geben der soziologischen Gegenwartsdiagnose Einsicht in die Vielfalt der Nebenfolgendynamiken in der Geschichte. Dabei stellen sie deren individuelle Ausdrücke dar, welche allgemeinen Strukturen sie hatten und wie Zeitgenossen sich der unintendierten Konsequenzen bewusst wurden, sie einkalkulierten und aus der Krise die Chance für Reformen nutzten. Daraus kann die Soziologie wiederum lernen und die Frage nach den heutigen Besonderheiten des Auftauchens von Nebenfolgen neu stellen. Dank der Soziologie reflexiver Modernisierung besteht jedoch zunächst für die Historiker die Chance, sich wieder intensiver mit der Gesellschaftstheorie auseinanderzusetzen. Sie sollte ergriffen werden.

Bibliographie

Theodor W. Adorno/Max Horkheimer, „Dialektik der Aufklärung" und Schriften 1940–1950, ungekürzte Ausgabe. Frankfurt am Main 1987.

Aischylos, Tragödien, übers. v. Johann Gustav Droysen. Hamburg 1958.

Greg Anderson, The Athenian Experiment. Building an Imagined Political Community in Ancient Attica, 508–490 B.C. Ann Arbor 2003.

Arjun Appadurai, Modernity at Large. Cultural Dimensions of Globalization. Minneapolis/London 1996.

Hans Baron, The Crisis of the Early Italian Renaissance. Civic Humanism and Republican Liberty in an Age of Classicism and Tyranny. Princeton 1966.

Paul Barth, Die Philosophie der Geschichte als Soziologie. Leipzig 1922, ND Hildesheim 1972.

Zygmunt Bauman, Liquid Life. Malden, MA/Cambridge 2005.

Rainer Beck, Ebersberg oder das Ende der Wildnis. Eine Landschaftsgeschichte. München 2003.

Ulrich Beck, Risikogesellschaft. Auf dem Weg in eine andere Moderne. Frankfurt am Main 1986.

Ulrich Beck, Weltrisikogesellschaft. Frankfurt am Main 2007.

Ulrich Beck/Anthony Giddens/Scott Lash (Hrsg.), Reflexive Modernisierung. Eine Kontroverse. Frankfurt am Main 1996.

Ulrich Beck/Edgar Grande, Das kosmopolitische Europa. Gesellschaft und Politik in der Zweiten Moderne. Frankfurt am Main 2004.

Ulrich Beck/Boris Holzer/André Kieserling, Nebenfolgen als Problem soziologischer Theoriebildung, in: Ulrich Beck/Wolfgang Bonß (Hrsg.), Die Modernisierung der Moderne. Frankfurt am Main 2001, 63–82.

Hermann Bengtson, Griechische Geschichte. Von den Anfängen bis in die römische Kaiserzeit. 2.Aufl. München 1977, 253–291.

Walter Benjamin, Gesammelte Schriften, I, 3. Frankfurt am Main 1974.

Shlomo Berger, Democracy in the Greek West and the Athenian Example, in: Hermes 117 (1989), 303–314.

DOI 10.1515/9783110405019.131

Monika Bernett/Wilfried Nippel/Aloys Winterling (Hrsg.), Christian Meier zur Diskussion. Autorenkolloquium am Zentrum für Interdisziplinäre Forschung der Universität Bielefeld. Stuttgart 2008.

Alec Blamire, Athenian Finance, 454–404 B.C., in: Hesperia 70.1 (2001), 99–126.

Jochen Bleicken, Die Einheit der athenischen Demokratie in klassischer Zeit, in: Hermes 115 (1987) 257–283.

Jochen Bleicken, Die athenische Demokratie. 4. Aufl. Paderborn/München/Wien [u. a.] 1995.

Jochen Bleicken, Wann begann die athenische Demokratie?, in: HZ 260 (1995), 337–364.

Peter Blickle, Kommunalismus, Parlamentarismus, Republikanismus, in: HZ 242 (1986), 529–556.

Peter Blickle, Reformation und kommunaler Geist. Die Antwort der Theologen auf den Verfassungswandel im Spätmittelalter. München 1996.

Peter Blickle, Die Revolution von 1525. 4. Aufl. München 2004.

Peter Blickle, Der Bauernkrieg. Die Revolution des Gemeinen Mannes. 3. Aufl. München 2006.

Hans Blumenberg, Die Legitimität der Neuzeit. Frankfurt am Main 1996.

August Böckh, Die Staatshaushaltung der Athener. 2 Bde., 3. Aufl. Berlin 1886.

Stefan Böschen/Nick Kratzer/Stefan May, Nebenfolgen. Analysen zur Konstruktion und Transformation moderner Gesellschaften. Gütersloh 2006

Daniel Bell, The Coming of Post-Industrial Society. A Venture in Social Forecasting. New York 1973.

Karl Brandi, Deutsche Geschichte im Zeitalter der Reformation und Gegenreformation. Darmstadt 1960.

Otto Brunner/Werner Conze/Reinhart Koselleck (Hrsg.), Geschichtliche Grundbegriffe. Stuttgart 1972, ND 1974.

Susan Buck-Morss, Hegel, Haiti, and Universal History. Pittsburgh 2009.

Jacob Burckhardt, Griechische Kulturgeschichte. Stuttgart 1978.

Johannes Burkhardt, Frühe Neuzeit. 16.-18. Jahrhundert. Königstein, Ts. 1985.

Johannes Burkhardt, Das Reformationsjahrhundert. Deutsche Geschichte zwischen Medienrevolution und Institutionalisierung, 1517–1617. Stuttgart 2002.

Peter Burke, Was ist Kulturgeschichte? Bonn 2005.

Georg Busolt, Griechische Geschichte bis zur Schlacht von Chaironeia. 3 Bde. in 4, Gotha 1885–1904.

Horst Buszello [u.a.] (Hrsg.), Der deutsche Bauernkrieg. 3. Aufl. Paderborn [u.a.] 1995.
The Cambridge Ancient History. 2. Aufl., Bd. IV. hrsg v. John Boardman / N.G.L. Hammond / D.M. Lewis / Martin Ostwald, Cambridge 1988.
Frederick Cooper, Was nützt der Begriff der Globalisierung? Aus der Perspektive eines Afrika-Historikers, in: Sebastian Conrad / Andreas Eckert / Ulrike Freitag (Hrsg.), Globalgeschichte. Theorien, Ansätze, Themen. Frankfurt am Main / New York 2007, 131–162.
Denis Crouzet, Ira Dei super nos: le révélateur de la piété panique de 1583, in: Les Guerriers de Dieu: La violence au temps des troubles de réligion (vers 1525 – vers 1610), Paris 1990, 287–310; engl. Übers. v. James B. Collins in: ders./Karel L. Taylor, Early Modern Europe. Issues and Interpretations. Malden, MA/Oxford / Victoria 2006, 90–100.
Ernst Curtius, Griechische Geschichte, Bd. III. Berlin 1867.
David Brion Davis, The Problem of Slavery in the Age of Revolution. Oxford / New York 1999.
Jared Diamond, Guns, Germs, and Steel. The Fates of Human Societes. New York / London 1999.
Jared Diamond, Collapse. How Societies Choose to Fail or Succeed. London 2005.
Anselm Döring-Manteuffel, Wie westlich sind die Deutschen? Amerikanisierung und Westernisierung im 20. Jahrhundert. Göttingen 1999.
Nicholas Dungey, Thomas Hobbes's Materialism, Language, and the Possibility of Politics, in: The Review of Politics 70 (2008), 190–220.
Walter Eder, Die athenische Demokratie im 4. Jahrhundert v. Chr. Krise oder Vollendung, in: ders. (Hrsg.), Die athenische Demokratie im 4. Jahrhundert v. Chr. Vollendung oder Verfall einer Verfassungsform? Akten eines Symposiums, 3.–7. August 1992, Bellagio. Stuttgart 1995, 11–29.
Shmuel N. Eisenstadt, Kulturen der Achsenzeit. Ihre Ursprünge und ihre Vielfalt. Frankfurt am Main 1987.
Shmuel N. Eisenstadt, Paradoxes of Democracy. Fragility, Continuity, and Change. Baltimore / London 1999.
Shmuel N. Eisenstadt, The Political Systems of Empires. New York 1963.
Norbert Elias, Die höfische Gesellschaft. Untersuchungen zur Soziologie des Königtums und der höfischen Aristokratie. Frankfurt am Main 1983.
Erik H. Erikson, Der junge Mann Luther. Eine psychoanalytische und historische Studie, übers. v. Johanna Schiche. München 1958.

Rudolf Eucken, Geistige Strömungen der Gegenwart. 3. Aufl. Leipzig 1904.
Egon Flaig, Der verlorene Gründungsmythos der athenischen Demokratie. Wie der Volksaufstand von 507 v. Chr. vergessen wurde, in: HZ 279 (2004), 35–61.
Johann Gottlieb Fichte, Einige Vorlesungen über die Bestimmung des Gelehrten. Jena/ Leipzig 1794.
Johann Gottlieb Fichte, Werke, hrsg. von Immanuel Hermann Fichte. Berlin 1845.
Moses I. Finley, Athenian Demagogues, in: P & P 21 (1962), 3–24.
Moses I. Finley, Empire in the Greco-Roman World, in: G & R, Second Series 25 (1978), 1–15.
A. French, Athenian Ambitions and the Delian League, in: Phoenix 33.2 (1979), 134–141.
Riccardo Fubini, Humanism and Truth: Valla Writes against the Donation of Constantine, in: JHIdeas 57 (1996), 79–86.
Timothy J. Galpin, The Democratic Roots of Athenian Imperialism in the Fifth Century B.C., in: CJ 79 (1983/84), 100–109.
Hans-Joachim Gehrke, Christian Meier und das vierte Jahrhundert, in: *Monika Bernett/ Wilfried Nippel/Aloys Winterling* (Hrsg.), Christian Meier zur Diskussion. Autorenkolloquium am Zentrum für Interdisziplinäre Forschung der Universität Bielefeld. Stuttgart 2008, 109–119.
Nils Gilman, Mandarins of the Future. Modernization Theory in the Cold War. Baltimore 2003.
Richard H. Grove, Green Imperialism. Colonial Expansion, Tropical Island Edens and the Origins of Environmentalism. Cambridge 1995.
Erich S. Gruen, The „Fall" of the Scipios, in: Leaders and Masses in the Roman World. Leiden 1995, 59–80.
Stefan Haas, Theoriemodelle der Zeitgeschichte, Version: 2.0, in: Docupedia-Zeitgeschichte, 22.10.2012, URL: http://docupedia/zg/.
Mogens Herman Hansen, The 2500th Anniversary of Cleisthenes' Reforms and the Tradition of Athenian Democracy, in: Robin Osborne/Simon Hornblower (Hrsg.), Ritual, Finance, Politics. Athenian Democratic Accounts. Presented to David Lewis. Oxford 1994, 25–39
Martin Hartmann, Widersprüche, Ambivalenzen, Paradoxien – Begriffliche Wandlungen in der neuen Gesellschaftstheorie, in: Axel Honneth (Hrsg.), Befreiung aus der Mündigkeit. Paradoxien des gegenwärtigen Kapitalismus. Frankfurt am Main 2002, 221–251.

Gabriele Haug-Moritz, „Ob wir uns auch mit Gott / Recht und gutem Gewissen / wehren mögen / und Gewalt mit Gewalt vertreiben?" Zur Widerstandsdiskussion des Schmalkaldischen Krieges 1546/47, in: Luise Schorn-Schütte (Hrsg.), Das Interim 1548/50: Herrschaftskrise und Glaubenskonflikt. Gütersloh 2005, 488–509.

Johannes Heckel, Widerstand gegen die Obrigkeit? Pflicht und Recht zum Widerstand bei Martin Luther, in: Arthur Kaufmann (Hrsg.), Widerstandsrecht. Darmstadt 1972, 114–134.

Christoph Helwig, Theatrum historicum Sive chronologiae systema novum [...]. Gießen: Nicolaus Hampelius, 1618.

Otto Hintze, Soziologie und Geschichte. Göttingen 1964

Thomas Hobbes, Elementorum Philosophiae. London 1655.

Thomas Hobbes, Leviathan, hrsg. v. Richard Tuck. Cambridge 1991.

Thomas Hobbes, Behemoth, the History of the Causes of the Civil-Wars of England, And the Councels and Artifices by which they were carried on, from the year 1640 to the year 1660. London: W. Crooke 1682.

Karl Jaspers, Vom Ursprung und Ziel der Geschichte. Zürich 1949.

Lucian Hölscher, Öffentlichkeit und Geheimnis. Eine begriffsgeschichtliche Untersuchung zur Entstehung der Öffentlichkeit in der frühen Neuzeit. (Sprache und Geschichte 4) Stuttgart 1979.

Johan Huizinga, Herbst des Mittelalters. Stuttgart 1939

Virginia Hunter, Thucydides, the Artful Reporter. Toronto 1973.

Thomas Jeffersons, The Papers of Thomas Jefferson, Volume 1: 1760–1776. hrsg. v. Julian P. Boyd. Princeton 1950.

Arnold H.M. Jones, Athenian Democracy. Oxford 1957.

Donald Kagan, The Fall of the Athenian Empire. Ithaca/London 1987.

Donald Kagan, The Peloponnesian War. London/New York 2004.

Thomas Kaufmann, Geschichte der Reformation. Frankfurt am Main/Leipzig 2009.

Søren Kierkegaard, Soeren Kierkegaards efterladte Papirer, hrsg. v. P.A. Heiberg. Kopenhagen 1926.

Alan Charles Kors, Atheism in France, Bd. I: The Orthodox Sources of Disbelief. Princeton 1990.

Reinhart Koselleck, Kritik und Krise. Eine Studie zur Pathogenese der bürgerlichen Welt. Frankfurt am Main 1974.

Reinhart Koselleck, ‚Erfahrungsraum' und ‚Erwartungshorizont' – zwei historische Kategorien, zuerst in: Ulrich Engelhardt/Volker Sellin/Horst Stuke (Hrsg.),

Soziale Bewegung und politische Verfassung. Stuttgart 1976, 13–33; wieder abgedruckt in: Reinhard Koselleck, Vergangene Zukunft. Zur Semantik geschichtlicher Zeiten. Frankfurt am Main 1989, 346–375.

Reinhart Koselleck, Der Zufall als Motivationsrest der Geschichtsschreibung, in: Ders.: Vergangene Zukunft. Zur Semantik geschichtlicher Zeit. Frankfurt am Main 1989, 158–175.

Hansjörg Küster, Geschichte der Landschaft in Mitteleuropa. Von der Eiszeit bis in die Gegenwart. München 1999.

Karl Lamprecht, Die kulturhistorische Methode. Berlin 1900.

Bruno Latour, Wir sind nie modern gewesen. Versuch einer symmetrischen Anthropologie. Frankfurt am Main 2008.

Adolf Laube/Max Steinmetz/Günter Vogler (Hrsg.), Illustrierte Geschichte der deutschen frühbürgerlichen Revolution. Ost-Berlin 1974.

Gotthold Ephraim Lessing, Sämmtliche Werke. Berlin 1838.

Ronald C. Lee, Jr., Justifying Empire. Pericles, Polk, and a Dilemma of Democratic Leadership, in: Polity 34 (2002), 503–531.

Hartmut Leppin, Zur Entwicklung der Verwaltung öffentlicher Gelder im Athen des 4. Jahrhunderts v. Chr., in: Walter Eder (Hrsg.), Die athenische Demokratie im 4. Jahrhundert v. Chr. Vollendung oder Verfall einer Verfassungsform? Akten eines Symposiums, 3.-7. August 1992, Bellagio. Stuttgart 1995, 557–571.

Hartmut Leppin, Thukydides und die Verfassung der Polis. Ein Beitrag zur Ideengeschichte des fünften Jahrhunderts vor Christus. Berlin 1999.

Hartmut Leppin, Argos. Eine griechische Demokratie des 5. Jahrhunderts v. Chr., in: Ktema 24 (1999), 297–312.

Pierre Lévêque/Pierre Vidal-Naquet, Clisthène l'Athénien. Essai sur la représentation de l'espace et du temps dans la pensée politique grecque de la fin du VIe siècle à la mort de Platon. (Annales littéraires de l'Université de Besançon 65) Paris 1973.

Anthony Levi, Renaissance and Reformation. The Intellectual Genesis. New Haven/London 2002.

W. Liebeschuetz, The Structure and Function of the Melian Dialogue, in: JHS 88 (1968), 73–77.

Abraham Lincoln, The Collected Works of Abraham Lincoln, hrsg. v. Roy P. Basler. New Brunswick 1953

Hugh Lloyd-Jones, The Justice of Zeus. 2. Aufl. Los Angeles/Berkeley 1983.

Hans van de Loo/Willem van Reijen, Modernisierung. Projekt und Paradox. München 1992.

Hermann Lübbe, Geschichtsbegriff und Geschichtsinteresse. Analytik und Pragmatik der Historie. Basel/Stuttgart 1977.

Niklas Luhmann, Protest. Systemtheorie und soziale Bewegungen, hrsg. v. Kai-Uwe Hellmann. Frankfurt am Main 1996.

Niklas Luhmann, Rechtssoziologie. 4. Aufl. Wiesbaden 2008.

Martin Luther, D. Martin Luthers Werke. Kritische Gesamtausgabe, „Weimarer Ausgabe“ (kurz: WA), 120 Bde., Weimar 1883–2009.

Martin Luther, Sämmtliche Werke, hrsg. v. Johann Konrad Irmischer, „Erlanger Ausgabe“ (kurz: EA). Frankfurt am Main/Erlangen 1854.

Jean-François Lyotard, La condition postmoderne. Rapport sur le savoir. Paris 1979.

Diarmand MacCulloch, The Reformation. A History. London 2003.

C. W. Macleod, Form and Meaning in the Melian Dialogue, in: Historia. Zeitschrift für Alte Geschichte 23 (1974), 385–400.

Christian Mann, Die Demagogen und das Volk. Zur politischen Kommunikation im Athen des 5. Jahrhundert v. Chr. Berlin 2007.

Volker Mantey, Zwei Schwerter – Zwei Reiche. Martin Luthers Zwei-Reiche-Lehre vor ihrem spätmittelalterlichen Hintergrund. Tübingen 2005.

Jochen Martin, Von Kleisthenes zu Ephialtes. Zur Entstehung der athenischen Demokratie, in: Chiron 4 (1974), 5–42.

Matthew Martin III / Daniel C. Snell, Democracy and Freedom, in: Daniel C. Snell (Hrsg.), A Companion to the Near East, London 2005, 419–429.

Christian Meier, Die Entstehung des Politischen bei den Griechen. Frankfurt am Main 1980.

Christian Meier, Athen. Ein Neubeginn der Weltgeschichte. Berlin 1993.

Christian Meier, Res publica amissa. Eine Studie zur Verfassung und Geschichte der späten römischen Republik. 3. Aufl. Frankfurt am Main 1997.

Christian Meier, Von Athen nach Auschwitz. Betrachtungen zur Lage der Geschichte. München 2002.

Christian Meier, Kultur, um der Freiheit Willen. Griechische Anfänge – Anfänge Europas? München 2009.

Robert K. Merton, Social Theory and Social Structure. New York 1968.

Eduard Meyer, Geschichte des Altertums. 5 Bde., Stuttgart 1884–1902, ND Darmstadt 1981.

David Milne, America's Rasputin. Walt Rostow and the Vietnam War. New York 2008.

Jan-Friedrich Missfelder, Die Gegenkraft und ihre Geschichte. Carl Schmitt, Reinhart Koselleck und der Bürgerkrieg, in: ZRelGG, 58.4 (2006), 310–336.

Barrington Moore, Social Origins of Dictatorship and Democracy. Lord and Peasant in the Making of the Modern World. Hammondsworth 1969.

Claude Mossé, La fin de la démocratie athénienne. Aspects sociaux et politiques du déclin de la Cité grecque au IVe siècle avant J.C. Paris 1962.

Martin Mulsow, Moderne aus dem Untergrund. Radikale Frühaufklärung in Deutschland, 1680–1720. Hamburg 2002

Martin Mulsow, Die unanständige Gelehrtenrepublik. Wissen, Libertinage und Kommunikation in der Frühen Neuzeit. Stuttgart 2007.

Martin Mulsow, Prekäres Wissen. Eine andere Ideengeschichte der Frühen Neuzeit. Frankfurt am Main 2013.

Martin Mulsow, Reflexive Modernisierung, Aufklärung und Frühe Neuzeit, in: ders./ Ulrich Beck (Hrsg.), Diskontinuität und Kontinuität der Moderne im historischen Vergleich. Frankfurt am Main (in Vorbereitung).

Martin Mulsow/Ulrich Beck (Hrsg.), Diskontinuität und Kontinuität der Moderne im historischen Vergleich. Frankfurt am Main (in Vorbereitung).

Robert Musil, Der Mann ohne Eigenschaften. Reinbek 1987.

Friedrich Nietzsche, Die Geburt der Tragödie. Unzeitgemäße Betrachtungen. Kritische Studienausgabe, hrsg. v. Giorgio Colli und Mazzino Montinari. (Sämtliche Werke 1) Berlin/München 1999.

Thomas Nipperdey, Die Reformation als Problem der marxistischen Geschichtswissenschaft, in: Reformation, Revolution, Utopie. Studien zum 16. Jahrhundert. Göttingen 1975, 9–38

Novalis, Werke, hrsg. von Gerhard Schulz. München 2001.

Josiah Ober, The Athenian Revolution. Essays on Ancient Greek Democracy and Political Theory. Princeton 1996.

Jürgen Osterhammel, Die Verwandlung der Welt. Eine Geschichte des 19. Jahrhunderts. München 2009.

Martin Ostwald, Nomos and the Beginnings of Athenian Democracy. Oxford 1969.

Will-Erich Peuckert, Die große Wende. Das apokalyptische Saeculum und Luther. Hamburg 1948.

Paul Constantin Phrygio, Chronicum regum regnorumque omnium catalogum […]. Basel: Iohann Hervagius, 1534.

Plutarch, Werke, übers. v. Konrat Ziegler. Zürich/Stuttgart 1955.

Matthias Pohlig, Luthers Thesenanschlag von 1516 (!) und seine prophetische Legitimation. Georg Mylius' Gedenkpredigt von 1592, in: Geschichte schreiben. Ein Quellen- und Studienhandbuch zur Historiografie (ca. 1350–1750), hrsg. v. Susanne Rau und Birgit Studt, unter Mitarbeit von Stefan Benz, Andreas Bihrer, Jan Marco Sawilla und Benjamin Steiner. Berlin 2010, 501–507.

Karl Polanyi, The Great Transformation. Politische und ökonomische Ursprünge von Gesellschaften und Wirtschaftssystemen. Frankfurt am Main 1977.

Hunter R. Rawlings III, Thucydides on the Purpose of the Delian League, in: Phoenix 31.1 (1977), 1–8.

Heinrich Rickert, Die Grenzen naturwissenschaftlicher Begriffsbildung. Eine logische Einleitung in die historischen Wissenschaften. Tübingen/Leipzig 1902.

Heinrich Rickert, Die Probleme der Geschichtsphilosophie. Eine Einführung. 3.Aufl. Heidelberg 1924.

Gerhard Ritter, Luther der Deutsche. München 1935.

P.J. Rhodes, Athenian Democracy 403 B.C., in: CJ 75 (1979), 305–323.

P.J. Rhodes, Judicial Procedures in Fourth-Century Athens. Improvement or Simply Change?, in: Walter Eder (Hrsg.), Die athenische Demokratie im 4.Jahrhundert v.Chr. Vollendung oder Verfall einer Verfassungsform? Akten eines Symposiums, 3.-7.August 1992, Bellagio. Stuttgart 1995, 303–319.

P.J. Rhodes, A History of the Classical Greek World, 478–323 BC. (Blackwell History of the Ancient World) Oxford/Malden, MA/Victoria 2006.

Maximilien Robespierre, Œuvres complètes de Maximilien Robespierre. 10 Bde., Paris 1967.

Andreas Rödder, Moderne – Postmoderne – Zweite Moderne. Zeithistorische Deutungskategorien für das späte 20.Jahrhundert, in: Martin Mulsow/Ulrich Beck (Hrsg.), Diskontinuität und Kontinuität der Moderne im historischen Vergleich. Frankfurt am Main (in Vorbereitung).

Walt W. Rostow, The Take Off into Self-sustained Growth, in: Economic Journal 66 (1956), 25–48.

Walt W. Rostow, The Stages of Economic Growth. A non-communist manifesto. Cambridge 1960.

Jean Jacques Rousseau, Émile ou De l'éducation. Paris 1817.

Benjamin Rush [erschienen unter dem Pseudonym: A Pennsylvanian], An Adress to the Inhabitants of the British Settlements in America Upon Slave-Keeping (Philadelphia 1773), in: American Political Writing During the Foundation Era: 1760–1805, hrsg. v. Charles S. Hyneman/Donald Lutz. Indianapolis 1983.

Eli Sagan, The Honey and the Hemlock. Democracy and Paranoia in Ancient Athens and Modern America. Princeton 1994.

Herbert Scheit, „Achsenzeit" – Ein (fast) vergessenes Modell für eine Wendezeit, in: Peter Segl (Hrsg.), Zeitenwenden – Wendezeiten: Von der Achsenzeit bis zum Fall der Mauer. Dettelbach 2000.

Yves Schemeil, Democracy before Democracy?, in: International Political Science Review 21 (2000), 99–120.

Carl Schmitt, Politische Theologie. 2. Aufl. München/Leipzig 1934.

Carl Schmitt, Der Leviathan. Hamburg 1938, ND Köln 1982.

Carl Schmitt, Positionen und Begriffe. Hamburg 1940.

Wolfgang Schuller, Griechische Geschichte, 6., aktualisierte Aufl. (Oldenbourg Grundriss der Geschichte 1A) München 2008.

Winfried Schulze, Soziologie und Geschichtswissenschaft. Einführung in die Probleme der Kooperation beider Wissenschaften. München 1974.

Reinhard Schwarz, Die apokalyptische Theologie Thomas Müntzers und der Taboriten. (Beiträge zur Historischen Theologie 55) Tübingen 1977.

James C. Scott, Seeing Like a State. How Certain Schemes to Improve the Human Condition Have Failed. New Haven/London 1998.

Howard Scullard, Roman Politics 220–150 B.C. 2. Aufl. Oxford 1973.

Michael G. Seaman, The Athenian Expedition to Melos in 416 B.C., in: Historia. Zeitschrift für Alte Geschichte 46 (1997), 385–418.

Georg Simmel, Lebensanschauung. Vier metaphysische Kapitel (1918), in: Georg Simmel – Gesamtausgabe, hrsg. v. Otthein Rammstedt, Bd. 16. Frankfurt am Main 1999, 209–425.

Rainer Specht, Innovation und Folgelast. Beispiele aus der neueren Philosophie- und Wissenschaftsgeschichte. Stuttgart/Bad Cannstatt 1972.

Benjamin Steiner, Die Ordnung der Geschichte. Historische Tabellenwerke in der Frühen Neuzeit. Köln/Weimar/Wien 2008.

Max Steinmetz, Die dritte Etappe der frühbürgerlichen Revolution. Der deutsche Bauernkrieg 1524 bis 1526, in: Rainer Wohlfeil (Hrsg.), Der Bauernkrieg 1524–26. Bauernkrieg und Reformation. Neun Beiträge. München 1975, 65–90.

Nicolas Stockhammer, Die Dialektik politischer Macht. Der Melierdialog im Lichte aktueller Machttheorien, in: Internationale Zeitschrift für Philosophie 15 (2006), 23–43.

Thukydides, Der Peloponnesische Krieg, hrsg. v. Helmut Vretska und Werner Rinner. Stuttgart 2000.

Ernst Troeltsch, Der Historismus und seine Probleme. (Gesammelte Schriften 3) Tübingen 1922.

Ernst Troeltsch, Der Historismus und seine Überwindung. Fünf Vorträge. Berlin 1924.

Michael Vickers, Alcibiades and Melos: Thucydides 5.84–116, in: Historia. Zeitschrift für Alte Geschichte 48 (1999), 265–281.

Hans-Ulrich Wehler, Geschichte als Historische Sozialwissenschaft. 3. Aufl. Frankfurt am Main 1980.

David M. Whitford, The Papal Antichrist: Martin Luther and the Underappreciated Influence of Lorenzo Valla, in: Renaissance Quarterly 61 (2008), 26–52.

Michael Wörrle, Untersuchungen zur Verfassungsgeschichte von Argos im 5. Jahrhundert v. Chr. Bonn 1964.

Wilhelm Wundt, System der Philosophie. Leipzig 1889.